SERÁ QUE É POSSÍVEL?

SERGIO CHAIA

SERÁ QUE É POSSÍVEL?

APRENDIZADOS,
HISTÓRIAS
E RESULTADOS
NA BUSCA
DA HARMONIA
ENTRE VIDA
PROFISSIONAL,
PESSOAL
E ESPIRITUAL

Copyright © 2012 Sergio Chaia
Copyright © 2012 Integrare Editora e Livraria Ltda.

Publisher
Maurício Machado

Supervisora editorial
Luciana M. Tiba

Assistente editorial
Deborah Mattos

Edição e coordenação editorial
Fernanda Marão

Copidesque
Cristina Nabuco

Revisão
Ana Lotufo
Marisa Rosa Teixeira

Projeto gráfico de capa e miolo / ilustrações
Guga Ketzer
Cassio Moron

Diagramação
Deborah Mattos

Foto de capa
Emilia Brandão

Dados Internacionais de Catalogação na Publicação (CIP)
(Câmara Brasileira do Livro, SP, Brasil)

Chaia, Sergio
 Será que é possível?: aprendizados, histórias e resultados na busca da harmonia entre vida profissional, pessoal e espiritual / Sergio Chaia.
 -- São Paulo : Integrare Editora, 2012.

 Bibliografia.
 ISBN 978-85-8211-042-3

 1. Administração 2. Eficácia organizacional 3. Liderança 4. Mudança organizacional I. Título.

12-13705   CDD-658.492

Índices para catálogo sistemático:

1. Liderança : Administração executiva 658.492

Todos os direitos reservados à INTEGRARE EDITORA E LIVRARIA LTDA.
Rua Tabapuã, 1123, 7º andar, conj. 71/74
CEP 04533-014 - São Paulo - SP - Brasil
Tel. (55) (11) 3562-8590
Visite nosso site: www.integrareeditora.com.br

*Eu não inventei nada.
Eu redescobri.*
Auguste Rodin, escultor francês (1840-1917)

Ao meu filho, Lucas, que, como o nome diz, é aquele que traz luz.

À minha namorada e esposa Anna – meu amor nesta vida.

Aos meus pais, Geraldo e Any, e à minha irmã Cláudia, obrigado por existirem.

Joseph Campbell, o erudito professor americano, descobriu que todos os mitos tinham a mesma raiz, o que chamou de "a jornada do herói", uma das mais poderosas metáforas da humanidade. Neste livro, Sergio Chaia, um dos líderes mais impactantes que já conheci, nos apresenta, com a vulnerabilidade de um forte líder, a sua própria jornada. Suas palavras no início deste livro a resume com sabedoria: "a primeira [lição] é nunca desistir dos sonhos. Se não for possível alcançá-los, você pode tentar modificá-los, mas deixar de tê-los, jamais!"

Didier Marlier ex-professor associado do Insead/Fundação Dom Cabral e sócio do The Enablers Network do Brasil

São muitas as classificações de estilos de liderança. A leitura do draft *do livro de Sergio Chaia me inspirou a criar mais duas categorias de líderes: o "líder-boca" e o "líder-pão". O primeiro quer ser alimentado, o segundo sabe que sua missão é alimentar, e faz isso com inteligência, talento e humanismo. Enquanto o líder-boca foca no resultado, o líder-pão lança seu olhar para o propósito. Por isso, ele vai além e supera as expectativas. Ao compartilhar conosco sua rica história, contando como equilibrou todos os pratos relevantes que a vida lhe ofereceu, Sergio demonstra, mais uma vez, sua conhecida generosidade. De minha parte, senti-me realmente nutrido com esta leitura.*

Eugenio Mussak, professor e escritor

Como bolhas que afloram à superfície de um lago, primeiro esporádicas, depois cada vez mais frequentes, assim também surgem as pulsões que nos encaminham rumo à nós mesmos. Cada momento histórico desafia o ser humano à reencontrar o sentido e o senso de unidade de sua existência no contexto da hora que é então nova. A contemporaneidade instiga-nos a intentarmos onde, antes da revolução industrial, não se imaginavam tais questionamentos. Os nossos antepassados de então labutavam inteiros e o sentido do que faziam ainda lhes era claro. Foi no curso do século XX que o trabalho se problematizou. É na alvorada do século XXI que surgem os precursores da inteireza significativa que moverá o futuro. A trajetória de Sergio Chaia é inusitada e surpreendente pois nos desvela o porvir, mas no interior do presente. Cisões multisseculares, como matéria e espírito, vida profissional e busca espiritual, são ultrapassadas na busca que o move em trajetória que já não pertence só a ele. O precursor abre caminho à todos os que também buscam a sua própria inteireza, no interior da mesma hora histórica. A trajetória de Sergio nos mostra que o improvável acontece aos que atendem ao imperativo sutil e duvidam do suposto impossível.

Gustavo Pinto, monge zen-budista

SUMÁRIO

Introdução – O que o dinheiro não compra **15**

Convite **21**

Prazer em conhecer **24**

Na trilha de Pelé **28**

Entre gôndolas e cafezinhos **32**

O sonho de ser presidente antes dos 40 **37**

De galho em galho no cipó corporativo **42**

As gravatas e os nós **46**

De volta a São Paulo **51**

E se eu for um fracasso? **56**

Cuidado para o plano não virar obsessão **60**

Busquei o troféu. Ganhei o bolo. **65**

A promoção perdida e a chegada ao topo **69**

A dificuldade de dormir me fez acordar **73**

Como a meditação da morte mudou a minha vida **81**

Aquele que traz a luz **86**

Reconhecer-se antes de ser reconhecido **90**

Terceirizando fraquezas **97**

O caminho mais rápido para receber é entregar **103**

Ganhar presente é dar presente **108**

Nas horas críticas, coloque-se no lugar do outro **112**

Não sente nos seus problemas **124**

Pressão demais pode levar à depressão **130**

Quando parecer fraco é a maior força **135**

E-mails quentes, cabeça fria **141**

A maioria das apresentações não tem *power* nem *point* **145**

Viver no futuro afasta o presente **155**

Sobre sapos e chefes **161**

Qual é o seu clube? **168**

Quando os monstrinhos aparecem **172**

O retrato da alma **177**

As três graças diárias **185**

Sorria, você não está sendo filmado **190**

Aceitar, estruturar, ofertar, desapegar **197**

Os pratos do equilibrista **202**

Sucesso e resultado não combinam **207**

O valor de um propósito **213**

E você? **219**

Meus sinceros votos **226**

Conclusão – Para cada final, sempre existe um começo **231**

Agradecimentos especiais **236**

Referências bibliográficas **238**

INTRODUÇÃO
O QUE O DINHEIRO NÃO COMPRA

SERÁ QUE É POSSÍVEL?

Tinha sido um longo dia, de muitas reuniões e decisões estratégicas. Sabia que naquela noite seria bem difícil dormir. Não pelos problemas, nem pelo estresse, muito menos pelo cansaço. Mas pelos pensamentos e sentimentos que me inundavam.

A sensação de plenitude ainda pairava no ar, como se fosse concreta, a ponto de se poder pegar. Eu acabara de participar de um evento único, mágico: o jantar de solidariedade do Instituto Nextel, um projeto que transformou a vida de milhares de jovens e, mais uma vez, a minha.

A emoção de estar ali, ao lado de artistas, esportistas, músicos e mais de 200 empresários que compartilhavam o entusiasmo pela mesma causa... de repente tudo fez mais sentido. Todas as lutas, as expectativas, as escolhas e os sacrifícios valeram muito a pena!

Aos 22 anos eu decidi que chegaria à presidência de uma empresa no Brasil antes dos 40. Planejei a minha trajetória passo a passo, trabalhei com afinco e, aos 37 anos, eu cheguei lá. Experimentei o sabor da vitória, mas o que ficou foi a sensação de solidão, um estranho vazio e uma ansiedade que não me deixava conciliar o sono.

Comecei a me perguntar: para que estou fazendo tudo isso? Por quê? Foi um longo aprendizado até surgirem as respostas. Hoje sei que "estar" presidente de uma empresa de destaque me oferece os instrumentos para trilhar, potencializar e disseminar o meu propósito: ser um líder melhor, mais leve, mais generoso, mais divertido, mais espiritualizado, mais feliz.

Falo da liderança que constrói, motiva e compartilha. E, é claro, também está focada em resultados. Não adianta ser bonzinho, legal, um líder "servidor". Se os resultados não acontecem, você está fora.

Você pode até se esconder por algum tempo nos departamentos da empresa e na politicagem. Mas, se não apresentar resultados, uma hora a casa cai, a promoção não vem, a escalada é suspensa e o desespero, as mágoas e a frustração aparecem. Quando os sonhos são interrompidos, a pergunta que não sai da cabeça é: o que eu poderia ter feito diferente?

Em última instância, são os resultados que garantem a sobrevivência de qualquer executivo,

SERÁ QUE É POSSÍVEL?

líder ou aspirante à liderança nos planos de uma corporação. Portanto, eles são fundamentais. Mas eu vou além. Proponho uma liderança que não vise só aos fins: o *como* você realiza deve ser tão importante quanto o *que* você realiza. Quero mostrar que é possível alcançar resultados surpreendentes na vida corporativa entregando o seu melhor ao outro, proporcionando crescimento a quem trabalha com você, transformando um grupo de indivíduos em equipes melhores e sendo transformado por eles. Um líder pode marcar positivamente a vida das pessoas e permitir que elas se tornem parte fundamental da sua.

A participação naquele evento reafirmou a minha crença nesse modelo de liderança. Ao coordenar o jantar que arrecadou fundos para beneficiar tantos jovens e conscientizou empresários da importância de aumentar sua retribuição à sociedade, senti um imenso prazer, uma sensação de plenitude e significado.

Afinal, esse projeto começou acanhado, em 2006, fruto da iniciativa de alguns colaboradores da Nextel. No início atendia 30 alunos em instalações modestas no bairro de Santo Amaro, zona sul de São Paulo. Cinco anos depois, havia sete núcleos implantados em três estados brasileiros, mais de 2 mil alunos beneficiados e uma lista de espera de 8 mil jovens, só na cidade de São Paulo.

O Instituto Nextel é uma ONG que oferece aos jovens em situação de risco social a chance de desenhar seu projeto de vida e entrar no mercado de trabalho. Realiza formação pedagógica e profissionalizante por meio de aulas de português, matemática, informática e teleatendimento, reforçando noções de cidadania e valores éticos. A meta para 2015 é totalizar 40 unidades. Orgulhoso, contemplei aqueles jovens, de olhos brilhando e autoestima nas alturas, contarem um pouco do que o instituto fez por eles. Nem pareciam os mesmos que apenas seis meses antes haviam chegado tão frágeis e inseguros quanto ao que a vida lhes reservava.

"Tudo o que move é sagrado e remove as montanhas com todo cuidado", anunciou a música *Amor de Índio*, do compositor mineiro Beto Guedes, cantada em dueto por Maria Gadu e Milton Nascimento, no ápice do *show* beneficente. Em outro momento especial, um coral de jovens do instituto dividiu o palco com Dani Black, um grande talento emergente da música brasileira.

Mais tarde, foram sorteadas "experiências" doadas por celebridades entre os presentes que durante o evento decidiram oferecer contribuições adicionais ao instituto, adotando mais jovens. Puxei a fila da adoção, até para dar o exemplo. Ao preencher o cupom para o sorteio – foram distribuídos 200! –, pensei que se ganhasse algo conservaria como memória daquela noite.

Então chegou a vez de sortear um passeio de vela com o campeão olímpico Robert Scheidt, que tive oportunidade de conhecer em uma visita que ele fez ao Instituto Nextel. Na ocasião, eu e os jovens ficamos tão empolgados com os seus ensinamentos e com a grande pessoa que ele é, que envolvemos o iatista com um abraço coletivo para que se lembrasse de nós durante os treinamentos.

Quando o ator Fabio Assunção, atacando gentilmente de mestre de cerimônias, anunciou meu nome como ganhador, pulei feito menino e pensei: "Como fui afortunado de estar aqui esta noite, de receber essa resposta do divino de que valeu a pena ter optado por trilhar esse caminho".

Ao lado de Anna, minha esposa, disse pra mim mesmo: "Hoje não durmo. Vou rolar na cama a noite inteira, mas será quase um sonho acordado, degustando essa sensação de suprema felicidade!"

Sergio Chaia
São Paulo, 12 de junho de 2012, 1 hora da manhã

CONVITE

SERÁ QUE É POSSÍVEL?

Em 6 de janeiro de 2011, Dia de Reis, estava com minha esposa e meu filho em Madri. Para as crianças espanholas essa data tem mais importância que o Natal, pois é quando recebem presentes e comem o famoso *Roscón de Reyes*, bolo recheado de chantili e coberto com frutas cristalizadas. Enquanto aguardava o início do desfile típico de Reis, folheava o jornal *El Mundo* que trazia uma entrevista do diretor de cinema australiano Peter Weir, reconhecido pelos filmes *Sociedade dos Poetas Mortos* (1989) e *O Show de Truman* (1998) – por coincidência dois dos meus filmes prediletos. Na entrevista, Peter dizia que gostaria que seu novo trabalho, *Caminho da Liberdade* (2010), fosse percebido de maneira diferente: em vez de dissecar ou especular seu filme, ele gostaria que o espectador se deixasse abraçar pela obra. Só assim ele seria visto e também sentido.

Esse é justamente o convite que faço a você, leitor: deixe as minhas experiências, erros, frustrações e aprendizados chegarem até você e abraçá-lo. Que possa senti-los, muito mais do que se informar. Que esta leitura seja, antes de tudo, uma viagem prazerosa.

Neste livro, recheado de histórias reais e instrumentos práticos, compartilho o que vivi, aprendi e refleti. Revelo minha caminhada para ser um líder, um profissional e, principalmente, um ser humano mais pleno e feliz.

Espero que os textos sejam uma inspiração para você escolher o seu caminho. Ele não precisa ser igual ao meu, mas precisa ser o *seu*. Aquele que fará valer a pena a sua batalha cotidiana e, num daqueles momentos mágicos – como foi para mim o jantar do Instituto Nextel –, traga a você a percepção de ter sido uma jornada feliz, de plenitude.

PRAZER EM CONHECER

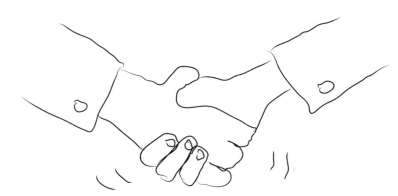

Era meu primeiro dia na Nextel, 8 de janeiro de 2007. Para estabelecer um vínculo inicial rápido com os colaboradores da empresa, pedi que alguém do RH me acompanhasse de andar em andar para eu me apresentar às pessoas e cumprimentá-las. Como eu não vinha do setor de telecomunicações, que é muito competitivo, eu ganharia o jogo, não por dominar a área técnica, mas pela conexão com a equipe.

As reações eram espontâneas, engraçadas. Embora minha chegada já tivesse sido anunciada, muitos não sabiam que eu era o presidente. E eu me apresentava dizendo apenas: "Prazer, eu sou o Sergio". Alguns me estendiam a mão, outros apenas sorriam e diziam um rápido "Tá bom", "Bem-vindo", e então viravam as costas e retomavam suas atividades.

Naquela semana havia uma convenção nacional de vendas num hotel fora de São Paulo. Cheguei mais cedo, vesti uma camiseta da convenção e fui

SERÁ QUE É POSSÍVEL?

almoçar. Sentei-me com o pessoal da filial de Belo Horizonte e disse apenas que eu era da matriz. Perguntaram de qual setor. "Da diretoria", respondi. E quando falei o meu nome alguém desconfiou que era o Sergio Chaia. Confirmei e disse que estava ali para aprender. Pouco depois chegou a Susi, uma colaboradora de Uberlândia. Quando nos apresentaram, ela comentou: "Se você é o presidente da Nextel, eu sou a dona". Todos riram. Quando percebeu o mal-entendido, ela ficou sem graça e tentou se justificar: "Você não tem cara de presidente". Toda vez que encontro a Susi, relembramos esse episódio que serviu para quebrar o gelo e ajudou a me enturmar. Mas ela tem razão: eu também não me considero um presidente nos moldes tradicionais.

    Sempre me esforcei para me distanciar da média, para fazer diferente e me superar. Ambicioso e focado em ser o presidente jovem de uma multinacional, eu sempre fui um cara de resultados, desde os meus tempos de estagiário na Johnson & Johnson e depois, ao assumir cargos no Makro, na Pfizer, na Pepsi, na KFC, na Sodexo e, finalmente, na Nextel.

    Mas alguns acontecimentos – um bolo de aniversário, uma promoção perdida, a paternidade, a descoberta do budismo e a meditação da morte (imaginar como seria o meu enterro) – serviram como despertar e me fizeram reavaliar o meu projeto de vida. Decidi seguir outro caminho, mais amplo, menos solitário e mais feliz. Um caminho que combinasse resultados expressivos a um estilo de liderança capaz de valorizar mais a participação do outro.

Aprendi que o cargo é passageiro. Eu *estou* nesta posição. Não *sou* esta posição. Mais importante do que ser competitivo é tornar sua equipe competitiva.

Quando coloquei as pessoas nessa equação, os resultados se tornaram ainda mais significativos. Por exemplo, em cinco anos na presidência da Nextel, o número de assinantes multiplicou por cinco e o faturamento cresceu na mesma proporção.

Por duas vezes ganhei o título de Executivo de Valor na categoria Telecomunicações do jornal *Valor Econômico*. Também fui eleito Executivo do Ano da América do Sul pelo International Business Award, em 2010, e recebi o título de CEO parceiro do RH pela revista *Você S/A*, em 2011.

Como tudo na vida, os aprendizados que geraram esses resultados não aconteceram por acaso nem vieram de mão beijada, mas à custa de tropeções, fracassos, cicatrizes... e recomeços.

Permita que eu me apresente? "Prazer, eu *estou* o Sergio".

NA TRILHA DE PELÉ

SERGIO CHAIA

Meu sonho era ser jogador de futebol. Mineiro de Belo Horizonte, de uma família de ascendência libanesa, eu tinha o sonho de quase todo menino brasileiro. Passava horas imaginando as melhores jogadas, os aplausos da torcida gritando meu nome, os *flashes* das câmeras, os jornalistas e o público comentando a minha última atuação fantástica. E olha que não jogava mal. Ao contrário. Aos 13 anos, integrava um time de bairro em Campinas, interior paulista. Meu apelido era Pezão porque naquela idade eu já calçava 43. Numa partida contra o Guarani, acabei me destacando, recebi convite para fazer um teste e fui aprovado. Entrei para o Sub-13/Infantil (hoje Sub-15) do Guarani. O sonho começava a se tornar realidade. Pegava um ônibus logo de manhã para ir ao treino e durante o trajeto ficava pensando no que deveria fazer para ser destaque no time.

Mas dois fatos alteraram meus planos de aspirante a jogador de futebol. Se eu jogava bem e tinha algum talento, outros meninos do meu time tinham muito mais do que eu! Além disso, para ser promovido de categoria, eu teria de treinar em dois períodos, manhã e tarde, e começar a estudar à noite.

A desistência do meu sonho de ser boleiro começou aí. Meu pai e o treinador me aconselharam a focar nos estudos deixando essa carreira incerta de lado. O treinador chegou a me levar ao dormitório onde ficavam os garotos vindos de outras cidades para me mostrar como levavam uma vida dura. De família de classe média, e estudando num dos melhores colégios de Campinas, eu certamente teria boas oportunidades. Para piorar a situação, as alternativas para cursar o colegial à noite, há 37 anos, eram pouco animadoras.

Meu pai e o treinador tinham razão! Mas lembro, como se fosse hoje, da minha reação quando conversamos. Não chorei, não gritei, nem argumentei. Não verbalizei a minha frustração. Fiquei ali, parado, aceitando tudo o que me diziam e vendo o meu sonho indo embora!

Três décadas depois, tirei duas lições dessa passagem: a primeira é nunca desistir dos sonhos.

Se não for possível alcançá-los, você pode tentar modificá-los, mas deixar de tê-los jamais! Só quem abriu mão de um sonho, como eu, sem ao menos batalhar por ele, sabe as consequências de uma atitude como essa: a enorme frustração, a raiva de si mesmo, a baixa autoestima. Você precisa mobilizar todas as suas forças para conseguir dar a volta por cima.

A segunda lição que aprendi é que, na verdade, não queria ser jogador de futebol pelo esporte em si. O que eu de verdade queria era o reconhecimento que um famoso jogador de futebol tem! E foi essa vontade gigante de querer ser o melhor que me fez substituir um sonho por outro.

Se no futebol não tinha sido possível, restava o mundo corporativo. Meu pai era executivo de uma multinacional, eu poderia seguir o mesmo destino. Do alto dos meus 13, 14, 15 anos, eu não via outra saída. Era a minha última chance, eu pensava.

ENTRE GÔNDOLAS E CAFEZINHOS

Escolhi o curso de administração de empresas na Fundação Getúlio Vargas, em São Paulo. Na época eu já tinha a preocupação de me sobressair entre os meus pares. Enquanto a maioria só fazia estágio no último ano e por seis meses, eu decidi que faria antes e por mais tempo, dois anos. Assim eu seria mais competitivo que os colegas.

Consegui um estágio aos 19 anos de idade, no segundo ano do curso, ou melhor, quem arrumou foi meu pai, na empresa onde ele trabalhava, a Johnson & Johnson. Apareceu uma vaga em marketing na área de produtos para crianças. Fiquei empolgado! O marketing me atraía por causa do dinamismo, dos comerciais, das viagens.

Fui para a entrevista usando calça *jeans*, sapato *docksider* e camiseta polo. Não tinha a menor noção de como me vestir para uma entrevista de emprego.

SERÁ QUE É POSSÍVEL?

A pessoa que me atendeu disse que eu seria o primeiro estagiário de marketing da Johnson, mas deveria começar pela área de vendas. Era um pedido do meu pai, soube algum tempo depois. Ele queria que eu caísse na real. Em vez de ficar deslumbrado com o *glamour*, aprendesse que a vida é dura. Meu pai teve uma infância difícil. Quebrou pedra para construir ponte, carregou mala em estação, engraxou sapato e depois de muito lutar tornou-se um cientista brilhante.

Eu, todo "mauricinho", vesti um avental e fui trabalhar como promotor de vendas em supermercado. Minha missão era tirar as mercadorias do estoque, limpar, colocar preço e empilhar os produtos nas gôndolas. Era a época do congelamento de preços, dos fiscais do Sarney. As vendas dispararam. Eu mal terminava de organizar os produtos de uma caixa, já tinha de abrir outra.

Estudava de manhã, trabalhava à tarde e voltava para casa à noite, arrebentado, querendo desistir. Por incentivo do meu pai e da minha namorada na época, hoje minha esposa, que já trabalhava desde os 14 anos, peguei gosto pelo trabalho. O pagamento também me animou. Ganhava dois salários mínimos. A possibilidade de adquirir bens e de poder pagar a conta do restaurante me trouxe a sensação de independência.

Ali comecei a aprender a importância de conectar com as pessoas. Fiz amizade com o encarregado da seção da loja em que trabalhava. No final do expediente eu o chamava para comer um lanche na padaria. Ele passou a me ajudar a dispor as mercadorias na gôndola, a alinhar o que o consumidor bagunçava e, na falta dos concorrentes, ele preenchia o espaço com os meus produtos.

Passados seis meses, entrei finalmente para o departamento de marketing, como assistente de produto, o xampu Johnson. Deixei de trabalhar de avental e passei a ir de gravata. Só que eu não sabia dar nó. Eu morava em São Paulo e minha família em Campinas. Meu pai fazia o nó e deixava a gravata pronta. Eu tinha apenas duas gravatas: uma preta com bolas amarelas para usar numa semana, a outra azul com quadradinhos vermelhos para usar na seguinte. Como eu nunca desfazia o nó ao longo da semana, o suor ia penetrando na altura do pescoço e deixava a gravata escurecida. Na época, meu sonho de consumo era ter várias gravatas.

No marketing, tive outra desilusão. Pensei que ia começar a fazer campanha de divulgação, pôr a mão na massa. Mas minhas tarefas se resumiam a servir café e tirar cópias de relatórios.

SERÁ QUE É POSSÍVEL?

Ainda assim eu procurava fazer mais do que as pessoas esperavam. Servia o café sempre com um biscoitinho. O chefe reparava, dizia que não tinha pedido. Eu respondia: "É verdade, mas eu trouxe assim mesmo. Você pode querer".

Tirava calhamaços de cópias. Em vez de só grampear ou colocar um clipe, o que não segura bem um grande volume de papéis, aprendi a encadernar.

Eu sempre me colocava à disposição, demonstrava interesse. Um dia um chefe me ensinou a fazer relatórios das análises Nielsen, que eu vivia xerocando. Fui aprendendo a mexer no computador. Certa vez fiquei até tarde para imprimir uma tabela e deixar na mesa do gerente.

Até que apareceu uma vaga de estagiário, também em marketing, mas no setor de produtos hospitalares (sutura, gaze). Fiquei interessado porque o setor ainda estava se organizando. Como assistente de marketing eu teria um papel mais relevante. Ajudaria a fazer folhetos, campanhas de vendas, comunicados. O protagonismo seria maior que no tempo de assistente do xampu. As novas atribuições me deixavam satisfeito. Sempre tive vontade de entregar mais resultados do que os outros.

O SONHO DE SER PRESIDENTE ANTES DOS 40

SERÁ QUE É POSSÍVEL?

Se meu pai foi diretor de uma grande empresa aos 42 anos, no meu desejo de reconhecimento, eu queria mais! Aos 22 anos, tracei a meta de ser presidente de uma multinacional no Brasil antes dos 40. Cursava administração de empresas numa boa faculdade, falava inglês e pretendia fazer pós-graduação. Mas sabia que não seria suficiente. Tinha de traçar um plano de metas para alcançar o meu sonho.

O que fiz foi muito simples: uma engenharia reversa dos cargos que teria de ocupar a cada etapa até chegar ao topo. Para que a presidência aos 40 fosse factível, tinha de ser diretor aos 35, gerente sênior aos 30 e supervisor ou gerente júnior aos 25. Deveria, então, acelerar a minha carreira. A melhor maneira seria entrar em um programa de trainee aos 22 anos, recém-formado, numa multinacional.

Esse sonho me fascinava. Sentia-me tão cheio de energia e tinha tantas ilusões!

Participei do processo seletivo de vários programas de *trainee*. Dois deles eram o sonho de todo recém-formado para acelerar a carreira. Inscrevi-me em ambos, mas não fui aprovado. Soube, então, que o Makro estava iniciando o seu programa.

Na palestra de recrutamento, o presidente, Alfredo Burghi Júnior, ex-diretor do Pão de Açúcar, disse que pretendia fazer no Makro o maior programa de *trainee* do Brasil, por isso só queria alunos das melhores faculdades. Escolhi a área de marketing. Havia 50 candidatos a uma vaga. Fui aprovado.

Daí aconteceu de novo. Ouvi que para ser *trainee* em marketing eu teria de aprender o que era uma loja de departamento. Por um ano eu circularia pelas lojas fazendo de tudo um pouco. Mais uma vez, lá estava eu, de avental. Recebia a mercadoria no depósito – quando o produto era peixe, tinha de levantar às 5 horas da manhã! –, contava as caixas e conferia as notas fiscais antes de os produtos entrarem no estoque.

Senti uma grande frustração quando fui enganado por um caminhoneiro de transportadora. Ele colocou um fundo falso e tirou duas caixas da pilha. Eu contei como se fossem 20, mas havia apenas 18. O rapaz do estoque veio chamar a minha atenção com

SERÁ QUE É POSSÍVEL?

um sorriso sarcástico no rosto, que no fundo dizia: "Aí, 'mauricinho' babaca, se liga!" Pensei em desistir. Achava que aquilo não tinha nada a ver com um recém-formado em administração pela GV. Minha namorada/esposa e meu pai me incentivaram mais uma vez. Tive de desenvolver a resiliência para superar as dificuldades. Falava comigo mesmo: "Respire, você vai passar por isso, amanhã é outro dia". Aprendi a não ter medo de enfrentar esses períodos. Minha vontade de chegar ao topo era maior.

"QUEM QUER COLHER ROSAS DEVE SUPORTAR OS ESPINHOS."

Provérbio chinês

Trabalhei de garçom, padeiro, etiquetador de roupas e até de supervisor de área.

O presidente promovia encontros com os *trainees* a cada quatro meses. No primeiro, por sorte ou felicidade, eu disse as coisas certas: sugeri o que precisava ser mudado para a loja fazer mais sentido para o cliente. O presidente gostou e acelerou minha programação. Em vez de um ano, fiquei seis meses nas lojas.

Aí surgiu uma oportunidade de vivência internacional, no departamento de marketing do Makro em Manchester, na Inglaterra. Fui e durante dois meses aprendi a utilizar as informações recolhidas dos clientes em ações de marketing direto. Aprendi e apliquei aqui no Brasil. Preparávamos cartas para públicos segmentados quando precisávamos desovar o estoque. Havia muito fogão industrial? Criávamos uma promoção de fogão e mandávamos mala direta para os hospitais. Aos 23 anos, tornei-me coordenador de marketing e o assistente que se reportava a mim tinha 43 anos.

Fiquei oito meses fazendo esse trabalho. Então fui percebendo que as possibilidades de crescimento eram limitadas. O programa de *trainee* encontrava muita oposição. Funcionários antigos resistiam à ideia de jovens talentos virarem gerentes com apenas dois anos de casa. Além disso, entendi que no varejo o marketing não era o setor mais relevante. Estava na hora de buscar o próximo passo.

DE GALHO EM GALHO NO CIPÓ CORPORATIVO

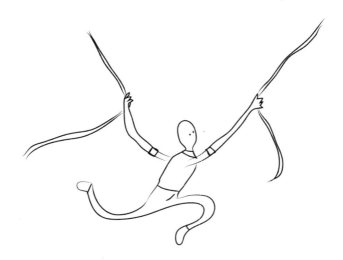

O sonho de ser presidente antes dos 40 anos me fez trabalhar em várias empresas. No meu planejamento, eu tinha de alcançar determinadas posições por períodos de tempo. Minha ambição, ansiedade e foco eram tão grandes que, se percebia que essa ascensão não rolaria em determinada empresa, já começava a procurar outra empresa para trabalhar antes da data estipulada. Não podia perder tempo! Disposto a sair do Makro, contatei uma empresa de recolocação profissional. Selecionei 100 empresas onde eu gostaria de trabalhar, aprendi a fazer meu currículo e o mandei para cada uma delas, acompanhado de cartinhas. Das respostas, a que mais me interessou foi a do laboratório Pfizer. A vaga era para gerente de produto. Só que o meu perfil se distanciava do típico gerente, em geral um ex-propagandista de remédios, de 37 a 40 anos, cuja prioridade não era uma boa formação universitária.

SERÁ QUE É POSSÍVEL?

Fui contratado e, aos 24 anos, tive o primeiro cartão de visitas escrito "gerente" e o primeiro carro, fornecido pela companhia. A Pfizer foi uma grande escola. Para exercer o meu cargo tive de fazer uma espécie de estágio de propagandista por dois meses. Estudei muito sobre os produtos que representava para conseguir um relacionamento melhor com os médicos. Eu me apresentava como *trainee* de propagandista para esses profissionais aceitarem minha presença.

Um dos produtos não estava indo bem. Seria preciso reposicioná-lo no mercado. Era um creme para candidíase de aplicação única, que resolvia o problema em três dias, embora causasse ardor. As pacientes reclamavam, por isso os médicos não estavam receitando. O do concorrente previa 14 dias de aplicação.

Organizamos grupos de discussão com pacientes e daí surgiu o gancho: depois de três dias já era possível voltar à atividade sexual. Em vez de realçar a eficácia do produto, focamos no comportamento feminino. O produto passou a ser divulgado como o "antifúngico da mulher sexualmente ativa". Foi um sucesso!

Cheguei a gerente sênior aos 27 anos. Em dois anos e meio aprendi muito sobre posicionamento de produto e pesquisa de mercado. Mas era preciso dar o próximo passo.

Entrei em contato com um *headhunter*, mandei alguns currículos e fui chamado para uma entrevista na Pepsi. O cargo era de gerente regional de marketing no Rio de Janeiro.

Meu chefe queria um cara ambicioso, alguém com "fogo nos olhos", que encontrasse uma maneira diferente de fazer as coisas acontecerem. E apostou em mim. Com o apoio da família e da minha namorada/esposa, mudei para o Rio de Janeiro. Primeiro morei num apartamento minúsculo em Ipanema, depois num *flat* em Copacabana. Voltava para São Paulo todo fim de semana.

Entrava às 9 horas da manhã na empresa e trabalhava até 11 horas da noite. Estava sozinho. Não queria ter vida social. Ia do *flat* ao trabalho e voltava para dormir. Para atingir a minha meta eu escolhi dedicar todas as horas do meu dia à carreira.

AS GRAVATAS E OS NÓS

Minha entrada na Pepsi foi por uma área de alta visibilidade: marketing. A equipe era jovem. Vestia-se de acordo com as suas respectivas posições. Percebi que precisava me apresentar melhor. Foi quando decidi começar uma coleção de gravatas. Não dava mais para ficar revezando entre duas, como nos tempos de estagiário. Toda vez que ia ao exterior comprava uma gravata nova. Quando conseguia um projeto bacana ou uma avaliação de desempenho positiva, celebrava comprando outra. Era uma espécie de "troféu" pelas conquistas. Cheguei a ter 40 gravatas. Fiz um gravateiro na minha casa. Escolhia a que eu usaria conforme o humor, a reunião, a interação. A gravata tornou-se um modo de me individualizar, de expressar que eu era um cara diferente.

Na Pepsi, enfrentei grandes desafios. Um deles foi a vinda do cantor Michael Jackson ao Brasil.

SERÁ QUE É POSSÍVEL?

Meu papel era explorá-la do ponto de vista do marketing, realizando o meio de campo entre a Pepsi e os empresários do cantor.

Trabalhamos muito, com o nível máximo de exigência. Mas fiquei satisfeito. Achei que o projeto tinha corrido bem e possibilitado interação na equipe. Contudo, choveram críticas na seção de *feedback*. Meus pares diziam que eu não havia compartilhado nada. A frustração foi enorme. Percebi que não tinha liderado bem.

De novo, pensei em desistir, mas logo veio o desejo de me superar: "Vou conseguir passar por isso", dizia a mim mesmo. "Vou fazer mais sucesso nos outros projetos para compensar essa sensação e mostrar que sou competente."

Certo dia, almoçando com o amigo e empresário João Dória Jr., contei que estava recebendo muitas críticas e perguntei como ele lidava com elas. Ele respondeu que procurava aprender com elas, perceber o que tinham de bom. Eu insisti: "E o lado maldoso, como eu combato?" Dória Jr. disse que dedicava uma hora a mais do seu expediente de trabalho para a pessoa que fazia esse tipo de crítica.

Experimentei usar essa técnica. Passei a combater as críticas e as animosidades trabalhando mais e gerando mais conexões na empresa. Não só na área de marketing, mas também em finanças, manufatura, RH. Quanto mais críticas eu recebia, mais procurava ampliar minha rede de relações, ouvindo mais as pessoas, que dessa forma ficavam mais próximas. Buscava interesses comuns. Comecei a conversar com as pessoas que trabalhavam até mais tarde, como eu. Passei a jogar *squash* com um cara de finanças. Falava dos meus projetos e perguntava dos projetos deles, oferecia ajuda. Passei a ter contato com outros paulistas que usavam a ponte aérea no fim de semana, sugeria rachar o táxi. Trabalhava muito, mas esse *networking* tornava meus resultados mais visíveis e o ecossistema mais favorável na hora da minha avaliação.

Aprendi muito com Gerry, um chefe teuto-argentino que apostou em mim. Ele tinha o costume de dar apelidos aos colaboradores, o que gerava conexão emocional. O meu era "monstrinho", por causa de uma promoção com monstrinhos de plástico que encalharam e eu tive de me virar para criar planos para desovar o estoque. As pessoas sentiam-se engajadas. "Você se conecta e as pessoas se conectam em você por muito tempo", comentou certa vez. "Daí nasce a lealdade." Somos amigos até hoje!

SERÁ QUE É POSSÍVEL?

Gerry também me mostrou que é possível rir dos momentos difíceis. Vivia lembrando que o dia tem 24 horas. Às vezes ainda tenho a impressão de ouvi-lo falar: "Se não conseguiu terminar até aqui, trabalhe à noite e faça acontecer. Corra atrás".

DE VOLTA A SÃO PAULO

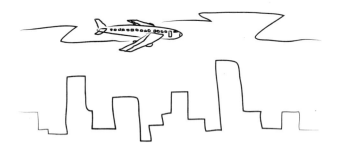

SERÁ QUE É POSSÍVEL?

Circulava a informação de que a Pepsi se mudaria para São Paulo. Apostando nisso, em 1992, durante a Eco 92, marquei a data do meu casamento com a Anna, minha namorada havia sete anos, para novembro de 1993. Montamos nossa casa na capital paulista.

Em dezembro, voltei da lua de mel e perguntei sobre a mudança para São Paulo. Meu chefe respondeu que seria em maio ou junho. Calculei que por mais seis meses eu até aguentaria. Todo final de semana eu voltava para minha esposa e minha casa em São Paulo.

Em março, pouco depois do Carnaval, tornei a questionar a chefia sobre a mudança da companhia. A resposta foi de que seria, provavelmente, no final do ano. Concluí que talvez a mudança não acontecesse e temi pelo futuro do meu casamento.

Apesar de gostar muito da Pepsi, eu precisava trabalhar em São Paulo. Comecei a procurar outro emprego, a mandar currículos e a fazer contato com *headhunters*. Surgiu uma oportunidade para ser gerente de marketing numa empresa de eletrodomésticos. Visitei o local e jantei com o presidente. Quando fui avisar meu chefe que estava de saída da Pepsi, ele comentou que a KFC, que faz parte do grupo Pepsi, pretendia entrar no Brasil e tinha uma vaga em São Paulo de gerente de marketing para a América do Sul e perguntou se eu não queria continuar no grupo. A oportunidade era muito boa! Expliquei a situação ao *headhunter* e ao meu contato na empresa de eletrodomésticos. Disse que o grupo não queria que eu saísse, pedi desculpas e aceitei o cargo na rede de *fast-food*. Aos 29 anos, era gerente de marketing do KFC para a América do Sul, já me reportando ao presidente. Isso aconteceu um ano antes do que eu havia previsto chegar a gerente sênior.

A experiência foi valiosa! Aprendi muito sobre planos de marketing e abertura de lojas. E também sobre a importância de acreditar que a empresa onde trabalhamos caminha na direção certa. Do contrário, você não dá o seu melhor e perde o engajamento. Então, depois de certo tempo, observei uma discordância de rumos. A empresa priorizava uma direção;

SERÁ QUE É POSSÍVEL?

eu preferia outra. O alarme soou. Estava na hora de mudar, mais uma vez.

Preocupado com minha liquidez no mercado, eu "vendia" essas mudanças frequentes como um diferencial. Nos processos seletivos, argumentava aos *headhunters* que estava construindo uma carreira em diferentes segmentos, pois queria ter uma visão generalista e multifacetada do mercado, o que permitiria incorporar essas vivências no meu próximo emprego.

A verdade mesmo é que as mudanças aconteciam mais como efeito colateral da minha ambição do que em decorrência do desejo real de construir uma carreira com tais características. Minha prioridade era alcançar o cargo adequado no tempo determinado no meu plano.

Pensando em dar o próximo passo, comecei a reunir as novidades que contaria aos *headhunters* – os novos cursos, os últimos resultados alcançados – quando um deles me procurou. Disse que uma multinacional francesa do setor de alimentação por convênio, presente em mais de 70 países, havia acabado de comprar uma empresa brasileira do setor de benefícios. Precisava de um diretor de marketing e perguntou se eu teria alguém para indicar.

Respondi que tinha um ótimo candidato: eu. O *headhunter* indagou: "Mas o que você entende de serviços financeiros para benefícios?" Respondi tranquilamente: "Nada, mas eu também não entendia de remédio, supermercado, refrigerante, *fast-food* e passei por todas essas empresas com ótimos resultados".

Entrei no processo seletivo e consegui a vaga. Assim, aos 30 anos de idade, meu cartão de visitas exibia o cargo de diretor de marketing da Sodexo.

E SE EU FOR UM FRACASSO?

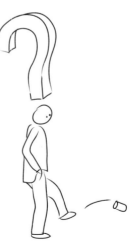

Depois de dois anos na Sodexo, meu chefe, satisfeito com o meu desempenho à frente da diretoria de marketing, queria que eu assumisse também a área de vendas. Pedi um tempo para pensar. Até essa etapa, eu conhecia a fundo a área em que atuavam os meus subordinados. Muitas vezes tinha as ideias e a equipe executava. Pela primeira vez seria diferente. Sob minha responsabilidade estaria gente que sabia mais do assunto que eu e muito mais velha, de empresa e de idade. Bateu a insegurança. Estava decidido a dizer "não".

Conversando com minha esposa, ela me questionou: "Se você não passar pelas áreas que não sejam marketing, como vai chegar à presidência? Você precisa conhecer toda a operação: TI, RH, finanças. Como você vai fazer?" Ela estava certa.

Um dia antes de responder fui almoçar com Luiz Lara, presidente da agência de publicidade que

SERÁ QUE É POSSÍVEL?

nos atendia. Contei o que estava acontecendo, falei do chacoalhão de pragmatismo que minha esposa me havia dado. Ele perguntou: "O que você tem a perder?" Respondi com outra pergunta: "E se eu for um fracasso? E se meus resultados forem péssimos?" Ele respondeu: "Se os resultados forem péssimos, você vai aprender com eles. Para o mercado, você vai ser o diretor de marketing e vendas que aprendeu o que não fazer em vendas. E terá mais valor do que sendo apenas diretor de marketing. Mas, conhecendo você, acho que vai se dar bem".

A conversa despertou em mim o desejo de superação. Apesar da insegurança e da vontade de permanecer na zona de conforto, resolvi me desafiar e fui em frente.

Pela perspectiva atual, foi a melhor decisão profissional da minha vida. Pela primeira vez passei a depender mais de um grupo de pessoas do que elas de mim e aprendi a trabalhar a insegurança, canalizando essa energia mais para provocação e motivação do que para decisão, concepção e execução. Dizia: "Você pode, você vai, conte comigo", e empurrava a equipe para os resultados.

Minha principal ação era engajá-los em prol de uma meta. Dependia deles para atingir resultados e para ser visto como profissional de resultados também na área de vendas. Até então eu não havia percebido que o outro também ganharia com isso. Fui aprender depois. Eu era o chefe que empurra, pressiona e reconhece, guiado pela busca de resultados. Era uma ótica monofoco.

E deu muito resultado. O faturamento aumentou 35%. Acumulei a função de diretor de recursos humanos. Já estava "na boca" para a presidência e ainda nem tinha completado 35 anos.

CUIDADO PARA O PLANO NÃO VIRAR OBSESSÃO

SERGIO CHAIA

Rumo à tão sonhada presidência, fui pesquisando metodologias para aumentar as chances de fazer o meu plano acontecer. A leitura de diversos livros ajudou bastante. Descobri que ter um plano de metas anual é um instrumento útil para realizar projetos, seja lá quais forem. Todo ano faço o meu plano de metas, pois ainda tenho muitos sonhos e objetivos a conquistar.

Para ser factível, esse plano precisa ser simples, fácil de acompanhar e com poucas metas. Quem quer tudo não faz nada! Procuro, a cada ano, estabelecer quatro metas e correr atrás delas.

No *best-seller Switch*, o professor de comportamento organizacional da Universidade Stanford, Chip Heath, e seu irmão, Daniel, que trabalha num centro de apoio aos empreendedores do terceiro setor na Universidade Duke, apresentam os objetivos SMART. O termo é formado pelas iniciais das

SERÁ QUE É POSSÍVEL?

palavras *specific* (específico), *measurable* (mensurável), *achievable* (alcançável), *realistic* (realista) e *time-bound* (com prazos determinados).
Segundo os autores, os objetivos devem ser definidos de forma concreta. Mas, se houver um componente emocional ou inspirador associado, crescem as chances de serem alcançados. Isso porque nas nossas mentes a emoção e a razão estão conectadas. Assim, na hora de estabelecer as suas metas para o ano, adicione componentes emocionais a cada uma delas.
Existem várias formas de aumentar o seu comprometimento com os seus objetivos. Recomendo duas:

• Escrever esses objetivos em quatro cartas endereçadas a você mesmo e pedir a amigos ou familiares que as enviem a cada três meses. Receber a primeira carta e perceber que nada foi feito em prol dos seus objetivos pode ser devastador. Para não se sentir constrangido consigo, olhe suas metas com mais foco antes de receber a segunda carta.

• Logo após minha oração de agradecimento pela manhã, relembro quais são as minhas quatro metas do ano. Assim, elas literalmente não saem da minha cabeça!

Parece óbvio, mas formalizar essas metas ajuda bastante. O simples fato de escrevê-las num pedaço de papel aumenta muito seu compromisso de batalhar por elas. Assim, tendo um plano, no final do ano você poderá fazer a sua retrospectiva – o que alcançou? O que ainda não deu certo? – e reiterar suas metas para o ano seguinte.

"O QUE JÁ FIZ NÃO ME INTERESSA. SÓ PENSO NO QUE AINDA NÃO FIZ."

Pablo Picasso, pintor espanhol (1881-1973)

Mas tome cuidado para que esse plano não vire uma obsessão. Se isso acontecer, o resultado pode ser outro. É preciso equilíbrio nas nossas ambições, ou corremos o risco de nos tornar escravos delas.

A obsessão por metas é uma força que nos mantém tão envolvidos em alcançar objetivos que chegamos a sacrificar nossos propósitos mais importantes, informa o especialista em gestão Marshall Goldsmith, no livro *Reinventando o seu Próprio Sucesso*. Nessa hora, podemos colocar tudo a perder. Por causa de uma visão equivocada do que queremos em nossas vidas, nos iludimos achando que seríamos

SERÁ QUE É POSSÍVEL?

mais felizes se tivéssemos mais dinheiro, menos peso ou se recebêssemos uma promoção, e corremos atrás dessas metas sem cessar. E aí pagamos um preço alto, alerta Goldsmith: negligenciamos nossas famílias, nossos entes queridos, nossos sonhos, ignoramos o verdadeiro sentido que nos move em tudo.

Outro tipo de obsessão resulta da visão, também equivocada, do que os outros esperam de nós, acrescenta Goldsmith. É como aquele chefe que aumenta as suas metas e você, para superá-las, sai como um louco atropelando tudo e todos. No fundo, o que você realmente quer é agradá-lo. Goldsmith conclui que buscas honestas por objetivos difíceis definidos por terceiros podem nos transformar em trapaceiros. Bom ponto para refletirmos.

**BUSQUEI O TROFÉU.
GANHEI O BOLO.**

SERÁ QUE É POSSÍVEL?

Com um plano agressivo nas mãos, concluí que meu diferencial para chegar à presidência seria a capacidade de gerar resultados além das expectativas. Na minha cabeça, tratava-se de uma corrida e eu tinha de ultrapassar os competidores – meus pares e colegas – para alcançar a vitória.

É bom esclarecer que nunca fui de puxar o tapete de ninguém. Minha criação, meus valores e minha religião não permitiam e não permitem até hoje. Meu negócio era vencer na base da competência, da observação, da melhor preparação e do trabalho duro.

Acreditava que se trabalhasse mais e me preparasse melhor entregaria grandes resultados e surpreenderia positivamente meus chefes. Aliás, aprendi cedo que ter um chefe aliado que gostasse e precisasse do meu trabalho ajuda muito na escalada profissional. Sendo assim, sempre fiz questão de deixar meu chefe bem na foto e ajudá-lo a sobressair.

Com essa visão e muita transpiração, subi várias posições no mundo corporativo rapidamente. Depois de um ano como diretor de marketing e vendas e tocando também o RH, tornei-me diretor-geral na Sodexo. O próximo passo seria a presidência. Fazendo uma análise do meu plano, tudo parecia correr às mil maravilhas! Mas em março de 2000 descobri que não era bem assim.

No dia do meu 35º aniversário tive uma experiência traumática que revelou que eu estava no caminho errado. Foi a comemoração mais rápida da história da empresa.

Lembro da cena tragicômica: o bolo na minha frente, intacto, e, milagrosamente, todos os convidados de dieta. Ninguém comeu um pedaço. As garrafas de guaraná abertas e ninguém tomava. A grande maioria das pessoas que estavam ali tinha algum interesse político de se promover ou de contar com o meu apoio para algum projeto.

Cantaram parabéns rapidinho e foram embora. Todo mundo inventou uma reunião ou compromisso para desaparecer. Ficamos só eu e minha secretária, olhando para o bolo. Um bolo grande, de marshmallow com morango, quase intocado. Minha secretária perguntou o que eu pretendia fazer com

SERÁ QUE É POSSÍVEL?

ele. "Vai levar para casa?" Eu pensei: "Estou com vergonha de chegar em casa com esse bolo inteiro, isso não vai me fazer bem". Resolvi entregá-lo para a copeira.

Aquele episódio mexeu comigo. Percebi que as pessoas não se importavam com o Sergio, mas com a posição que eu ocupava ali. Tomei consciência da minha solidão, que não se materializava no plano pessoal. Eu me dava bem com minha esposa, meus pais e minha irmã, tinha amigos. Mas faltava integração entre a minha vida pessoal e a profissional. Passava muito tempo na empresa. Foi duro sentir que não era querido.

Enquanto eu caminhava em direção à copa, ia pensando: "Alguma coisa tem de mudar na minha vida". Eu, que lutava tanto por reconhecimento, quase um troféu que a presidência poderia me proporcionar, estava sozinho, com um bolo gigante nas mãos!

A PROMOÇÃO PERDIDA E A CHEGADA AO TOPO

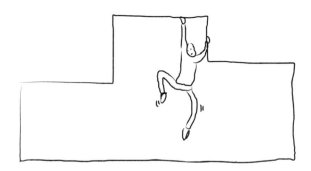

SERÁ QUE É POSSÍVEL?

A oportunidade que eu tanto esperava apareceu. Vagou a presidência. Havia dois diretores-gerais. Eu era um deles, entregava bons resultados. Poderia assumir a presidência antes dos 37 anos. Mas a promoção não veio. O vice-presidente de RH para a América Latina disse que não aprovaria a minha indicação. Na avaliação 360 graus havia apurado que meus subordinados e o presidente também me apoiavam. Mas meus pares não gostavam de mim: eu era tão competitivo que eles não aceitavam a ideia de ter de se reportar a alguém como eu.

O vice-presidente disse, então, que meu jeito de liderar não era suficiente para atingir a presidência. Eu teria de olhar as pessoas de forma amplificada. Era preciso brilhar por meio dos outros. Naquele momento, ele me pareceu um guru de autoajuda. Passei o fim de semana com aquelas palavras ecoando na minha cabeça. Na segunda-feira, procurei por ele e disse que havia pensado naquele sábio conselho e pretendia mudar. Era papo-furado, apenas uma estratégia de convencimento.

De qualquer modo, para mostrar que tinha mudado, investi em pequenas ações no sentido de valorizar mais as pessoas. Telefonar em aniversários para motivar a equipe, responder e-mails com educação, mesmo em momentos difíceis, demonstrar cuidado na hora de demitir, celebrar as promoções. E tive retorno positivo.

No início fazia por técnica, de fachada, para alcançar meu objetivo. Mas, depois, "brilhar por meio do outro" virou uma filosofia. Fui percebendo a importância da conexão entre as pessoas e construindo uma metodologia de interação que trazia motivação para a equipe e resultados financeiros para a empresa.

E, finalmente, aconteceu. Meus resultados, a nova abordagem com as pessoas e a promoção de meu antigo chefe à presidente da América Latina ofereceram a combinação exata, o passaporte para o que eu tanto buscara: a presidência de uma multinacional no Brasil antes dos 40 anos. No meu caso, aos 37. Tudo caminhava para um desfecho digno de final feliz de Hollywood.

SERÁ QUE É POSSÍVEL?

Quando meu nome foi confirmado para o cargo, uma sensação de euforia me dominou. Eu e minha esposa, minha grande parceira e incentivadora, fomos comemorar em um restaurante sofisticado. O jantar foi ótimo e o dia seguinte também, quando tive de decidir sobre meu novo carro, dar uma decorada na minha sala e encomendar meu cartão de visitas, com o cargo "presidente" impresso logo abaixo do meu nome.

Com o passar dos dias, no entanto, fui tomado por uma sensação crescente de vazio. Pensava: "E agora, o que tenho para conquistar? Como vou evoluir? Que metas devo perseguir?" Depois de passar boa parte da minha vida lutando por um objetivo, fiquei refletindo sem saber direito como seria o meu futuro.

A DIFICULDADE DE DORMIR ME FEZ ACORDAR

SERÁ QUE É POSSÍVEL?

Sempre fui visto como uma pessoa calma, de bom-senso, equilibrada. Na verdade, tudo era fruto mais de autocontrole aprimorado do que da verdadeira serenidade. Se durante o dia eu segurava a barra e até me divertia com os amigos e a família, à noite a avalanche de pensamentos atrapalhava o meu sono. Como a maioria dos executivos focados na escalada profissional e no êxito como parte fundamental de seu projeto de vida, minha conexão com os desafios do trabalho era muito grande. Ao deitar, minha mente ficava a mil pensando nas alternativas, planos e oportunidades atuais e futuras, nas promoções, em como capitalizar a próxima visita do chefão gringo. Isso só podia gerar ansiedade. Muita ansiedade!

Eu não tinha dificuldades para adormecer. Meu problema começava lá pelas 2 ou 3 horas da manhã, quando, ainda meio dormindo, meio acordado, eu dava início ao meu "expediente". Escrevia inúmeros e-mails na minha mente, debatia diversos temas comigo, criava apresentações e encaminhava assuntos durante as madrugadas da vida.

Meu estilo não era sair da cama! Eu ficava ali pensando, organizando resoluções e dormindo, tudo ao mesmo tempo. Quando chegava ao trabalho, os e-mails, as apresentações e as resoluções estavam prontos. Era só executar!

O efeito colateral dessas horas extras era um cansaço incrível pela manhã, combatido por doses cavalares de café. Preocupado com esse ciclo nada saudável, fui ao Instituto do Sono, na Vila Mariana, em São Paulo, e fiz o exame que comprovou as inúmeras acordadas durante a noite. Inclinado a não usar soníferos, procurei abordagens alternativas para lidar com esse problema que já se tornara um fardo.

Por indicação, consultei uma especialista em florais de Bach, Medianeira Carvalho, que se tornou uma boa amiga. Após algumas seções tentando descobrir a causa desse meu comportamento e já tomando várias gotinhas, perguntei à terapeuta de supetão: "Se eu sei o que me faz mal, por que continuo fazendo?" Ela respirou profundamente e emendou: "Eu bem que poderia responder à sua pergunta, mas conheço uma pessoa que pode falar sobre isso muito

SERÁ QUE É POSSÍVEL?

melhor que eu". Achei que ela indicaria um médico ou terapeuta mais experiente, mas sua resposta não foi nada convencional: "Meu guru, o lama Kalden Rinpoche, poderá ajudá-lo. Se você quiser, posso agendar um papo seu com ele".

Lamas são sacerdotes encarregados de transmitir e propagar os ensinamentos deixados por Buda e registrados sob o nome de Dharma. Segundo o budismo tibetano da linhagem mayahana, o lama Kalden é uma reencarnação de um grande lama Tulku, que tem a missão de fazer o bem aos outros.

Fascinado por esse encontro com uma pessoa tão incomum, fui ansioso ao Centro Budista Djampel Pawo, no bairro da Vila Olímpia, em São Paulo.

"A MELHOR FORMA DE EVOLUIR COMO SER HUMANO É SUPERAR NOSSAS ADVERSIDADES."

Joyce Pascowith, jornalista e empresária

Depois de aguardar algum tempo na recepção, encontrei alguém completamente diferente do que eu esperava. Talvez influenciado pelos filmes, eu imaginava um velhinho de voz mansa e gestos suaves, mas o lama Kalden Rinpoche fugia do estereótipo. Na época ele tinha 28 anos, combinava grande energia, senso de humor e uma voz rouca.

Muito sorridente, ele me convidou para um chá e logo disparou: "Aqui não ensino a religião do budismo, meu negócio é ensinar as escrituras, o Dharma". Aquilo me pegou de surpresa, pois eu supunha que ele tentaria me converter ao budismo falando das maravilhas que essa religião poderia me proporcionar.

O lama Kalden perguntou o que me levava ao templo. Rapidamente comecei a falar das minhas ansiedades, do meu foco na escalada profissional, da minha dificuldade para dormir. E, sem dar a ele qualquer respiro, repeti a pergunta que fiz à Medianeira: "Se eu sei o que me faz mal, por que continuo fazendo?"

Ele suspirou, abriu um sorriso e começou a falar da diferença entre inteligência e sabedoria. Disse que meu raciocínio rápido, minha capacidade de articulação e, principalmente, a capacidade de pensar em várias coisas ao mesmo tempo podiam até ajudar na vida profissional algumas vezes, mas com certeza não produziriam uma boa relação custo/benefício. Comparou, então, minha mente aguçada a um macaco selvagem que pulava de galho em galho, sempre indo atrás

SERÁ QUE É POSSÍVEL?

do próximo sem saber a que árvore pretendia chegar. A essa atividade frenética deu o nome de "inteligência grosseira". Ele me explicou que a minha ansiedade estava na incapacidade de domar ou pelo menos ter consciência desse fluxo abusivo de pensamentos antes que eles gerassem mais pensamentos e se transformassem em ações ou preocupações.

A sabedoria, para ele, é bem diferente. Nasce da capacidade de domar a mente, entender os pensamentos quando eles surgem e saber escolher aqueles que constroem para transformá-los em ações virtuosas. Pensamentos não virtuosos também brotam, mas o sábio os descarta habilmente, depois de conversar com eles com gentileza para que não voltem fortalecidos em uma oportunidade futura.

Com uma boa risada, o lama Kalden Rinpoche apresentou seu "diagnóstico": meu problema era ser muito inteligente e pouco sábio. Fiquei espantado, pois não esperava que minha inteligência pudesse ser descrita de forma tão informal e até ser desconsiderada. Eu realmente esperava um elogio e uma receita de como ficar ainda melhor.

Como o elogio não veio, pedi a receita. "Então como posso fazer para ser mais sábio?" Como se uma fórmula matemática e um comprimido resolvessem!

O lama Kalden recomendou a meditação. Mas para quem tem um macaco selvagem na mente a meditação tradicional, contemplativa, seria uma escolha árdua. Ele me propôs, então, recitar um mantra, uma série de palavras em tibetano. "Combinado", afirmei, pensando ter encontrado a minha receita.

Comecei a recitar o mantra com o auxílio de um "mala", aquele cordão composto de 108 contas. Passados 30 dias, eu tinha recitado o mantra mais de mil vezes. Animado com minha performance, marquei outro encontro com o lama.

Logo que o encontrei, contei dos meus progressos, como as coisas estavam melhorando e, orgulhoso, comentei a quantidade de mantras já atingida. Dessa vez, o lama Kalden caiu na gargalhada e compartilhou comigo mais um ensinamento: "É importante descobrir a diferença entre saber e sentir. Se você achar que recitando mil mantras tudo será diferente, pode esquecer! O mais importante é sentir sua mente, seus pensamentos, cada vez que recitá-los".

Kalden prosseguiu dizendo que a transformação da inteligência é sutil, constante e evolutiva. Não é uma receita matemática, mas uma caminhada com altos e baixos, avanços e retrocessos, ilusões e desilusões. Quando o pensamento se sobrepõe ao conhecimento, os

SERÁ QUE É POSSÍVEL?

avanços vêm rapidamente, mas ao executar essa receita pelo conhecimento, como uma frase mágica, o racional ganha do sutil e a caminhada segue lenta.

Outra vez fui pego de surpresa. Estava me gabando dos mil mantras realizados e levei um banho de água fria.

Para arrematar a conversa, o lama Kalden disse que se eu aplicasse sentimento na meditação dos mantras os resultados poderiam começar a aparecer após 50 mil recitados, mas que ele, só nessa sua vida atual, já tinha recitado um milhão! Deu mais uma risada e se afastou, sem sequer se despedir direito, me deixando com cara de tacho!

Tivemos outros encontros depois. Num deles, ele me deu um número de mantras a ser atingido pelo sentimento. Concluída a meta, iríamos conversar novamente e fazer uma cerimônia. Isso aconteceu em 2004, e desde então recito mantras e corro para atingir a minha meta.

Aprendi muito nesses anos. O foco dessa caminhada longa, porém prazerosa, não pode ser o destino, mas a viagem. Não tenho tanto medo de admitir os tropeços e celebrar os bons momentos.

COMO A MEDITAÇÃO DA MORTE MUDOU A MINHA VIDA

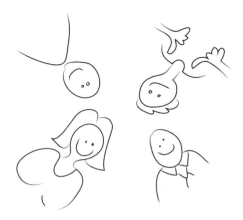

SERÁ QUE É POSSÍVEL?

Quando Cláudio (nome fictício), um competente diretor, entrou na minha sala, eu sabia que seria uma conversa difícil. Mas foi muito mais árdua do que eu esperava.

Ele contou que em fevereiro de 2012 sentiu uma forte dor de estômago. Procurou um médico pensando que fosse gastrite ou úlcera. Ficou paralisado quando soube que estava com um câncer raro, com chances desconhecidas de recuperação. Para prosseguir o tratamento – a quimioterapia e a radiologia – teria de se afastar de suas tarefas na empresa. Cláudio tinha pouco mais de 40 anos, uma família linda e uma carreira brilhante pela frente. Conversamos longamente sobre seus sentimentos e ele descreveu com muita sinceridade tudo o que passou naqueles dias.

"Se conselho fosse bom, seria caro", comentei, antes de acrescentar que uma boa forma de resolver um problema seria integrá-lo à sua vida e não represá-lo, bloqueá-lo ou minimizá-lo. Sugeri que ele tentasse conversar com esse câncer quase como se fosse um companheiro, perguntando a ele: "Por que você chegou? O que tem para me ensinar?", e pedindo pra ele deixar o recado e "cair fora" o mais rápido possível.

Cláudio agradeceu, disse que pensaria a esse respeito, tentaria praticar a integração e saiu para sua luta pessoal. Felizmente, após cinco meses de tratamento intenso, o câncer foi debelado e ele voltou à sua vida quase normal. Digo quase, pois um evento como esse mexe com as prioridades de vida da pessoa.

"Falar é muito mais fácil do que fazer", pensei, depois, em voz alta. Se aconteceu com Cláudio, poderia ter sido comigo. E, se fosse, o que teria mudado no meu jeito de ser e de agir, nas minhas prioridades, na forma de alocar meu tempo?

Daí recordei a meditação da morte, que fiz pela primeira vez em 2005 e revisito anualmente para conferir o caminho e checar se as prioridades continuam as mesmas.

Após ler num livro e comentar com minha terapeuta, Medianeira Carvalho, resolvi tentar a técnica de meditação budista em que se projeta o próprio enterro. Vi o esquife, as coroas de flores, as velas, as

SERÁ QUE É POSSÍVEL?

pessoas e, principalmente, experimentei as sensações que comporiam aquele momento.

Minha família e alguns poucos amigos trocavam palavras de consolo e alguma admiração! Ouvi alguém dizendo: "Ele foi um bom executivo, teve sucesso, chegou lá, mas, coitado, morreu meio solitário". Outro conhecido comentou: "Depois que se aposentou, o mundo foi se afastando dele e só ficaram alguns amigos e a família".

Aí comecei a sentir os incômodos se materializando. Tanto esforço, tanta dedicação... E as pessoas continuavam mais interessadas na minha posição do que na minha pessoa. Eu era fragmentado. Precisa existir conexão entre vida profissional e pessoal, já que tudo está integrado.

Enquanto meditava, tive a consciência de que preferia um enterro alegre, com mais gente e com as pessoas falando algo como: "Esse soube viver", "Esse aproveitou a vida" (não no sentido de tirar algo de alguém, mas de plantar, saborear, usufruir, receber).

Você já tentou fazer esse exercício? Se fizesse seu enterro, como seria? Parecido com o meu? Mais divertido? Ou ainda mais solitário? No final, o que as pessoas falarão de você? O que você terá deixado, semeado, plantado, colhido e disseminado? Que mundo ajudou a construir? Quem é jovem pode estar pensando: "Por que pensar na morte se eu sou tão novo e tenho uma vida inteira pela frente, muito o que conquistar, acumular, adquirir e fazer acontecer?" A meditação da morte não tem nada a ver com a morte física. Ao contrário. É um tributo à vida! Obriga a pensar em como se está vivendo: desfrutando cada dia ou com os compromissos, pressões, desejos, ansiedades, dúvidas e dívidas o devorando? Lança você diante da resposta para a pergunta: está valendo a pena?

No meu caso, a meditação da morte foi um despertar para o que eu realmente queria da minha vida. Deixar um legado. Construir algo de positivo para minha família, meus amigos e o mundo. Compartilhar e receber das pessoas o melhor. E foi esse querer que me fez seguir outra estrada em busca de uma vida melhor. Afinal, nossa passagem pela Terra é curta e estamos sujeitos a eventos como o que ocorreu na vida de Cláudio. Mas não precisamos esperar por fatos dessa magnitude para priorizar nossa vida a fim de que, no momento da partida, a alegria e a sensação de plenitude sejam muito maiores do que os arrependimentos pelo que fizemos ou deixamos de fazer.

AQUELE QUE TRAZ A LUZ

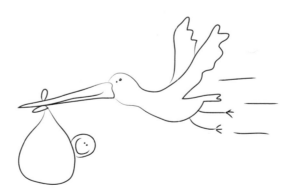

Se eu tivesse de responder qual foi o dia mais feliz da minha vida, diria sem titubear: o do nascimento do meu filho. Eu, que sempre fui uma pessoa tão controlada, com a emoção na medida para cada situação visando atingir resultados, senti-me completamente desestruturado. Chorando, comecei a berrar: "Que lindo, que lindo, que lindo!" A emoção explodia do meu peito como se fosse um vulcão. Anna também chorava com Lucas no colo. Nunca antes eu havia experimentado aquele turbilhão de sentimentos, que me fez repensar nas emoções que tinha na minha vida e nas que gostaria de ter. A gravidez e o nascimento de Lucas foram determinantes para que eu me tornasse um líder diferente.

Lucas nasceu após sete anos de casamento. Nos primeiros anos, Anna e eu privilegiamos o lado profissional, o crescimento na carreira, os passeios, a aquisição de bens. Formada pela ESPM, ela também

SERÁ QUE É POSSÍVEL?

se tornou presidente de uma empresa. Éramos dois adultos, com uma ótima relação e boas condições financeiras. Podíamos decidir, do nada, passar um fim de semana em Nova York. Por que não?
 Então, Anna foi fazer um curso em Harvard pela Natura, um tipo de MBA. Ficava um mês nos Estados Unidos, voltava para o Brasil e depois de três meses ia de novo. Não era a melhor hora para ter um filho. Mas, talvez por estarmos tão desencanados, a gravidez aconteceu.
 Durante a gravidez, Anna esteve duas vezes nos Estados Unidos. Em uma dessas vezes, me ligou contando, com a voz carregada de emoção, que tinha entrado em um site para gestantes, o *maternity.com*, que trazia os significados dos nomes. Um nome havia chamado sua atenção: Lucas, aquele que traz a luz. Perguntou o que eu achava. "Gostei, de verdade", respondi. Aquela criança escolhera nosso lar para florescer. Que ela trouxesse luz para nós e para o mundo.
 Com o nascimento de Lucas, pela primeira vez, comecei a pensar fortemente, minuto a minuto, em alguém que não fosse Anna ou eu. Meus eixos de prioridade e energia mudaram. Precisei sair da minha zona de conforto para cuidar de alguém totalmente dependente de mim.

A paternidade me tirou do egocentrismo e me ensinou o amor maior. Com transparência, simplicidade e generosidade, aquele menino me mostrou como é possível dar sem esperar nada em troca.

E, assim, a paternidade, o bolo de aniversário, a promoção não recebida, o encontro com o budismo e a meditação da morte – não necessariamente nessa ordem – fizeram-me refletir sobre qual troféu realmente queria conquistar.

Repensei várias das minhas atitudes e procurei contemplar a importância do outro na minha trajetória. Não pelo resultado, mas no sentido de contribuir para haver pessoas melhores, líderes melhores e um Sergio melhor. Percebi, então, que estava me transformando como ser humano. Os frutos foram chegando com a aprendizagem e a busca da excelência de uma liderança mais plena. Enquanto pensava no líder que gostaria de ser, comecei a receber o reconhecimento que tanto desejei.

E não demorei a descobrir o óbvio: antes de ser reconhecido, é preciso se reconhecer!

RECONHECER-SE ANTES DE SER RECONHECIDO

SERGIO CHAIA

A competência mais requisitada dos líderes pelos CEOs das grandes empresas mundiais não é a capacidade de motivar pessoas, administrar conflitos ou recrutar times vencedores. A competência mais valorizada nas pessoas com potencial para ocupar o topo das organizações é o autoconhecimento. Ouvi esse argumento da professora Christine Porath, da Universidade de Georgetown, em Washington, e coautora do livro *The Cost of Bad Behavior* e de um interessante artigo publicado na revista *Harvard Business Review*, "Happiness Means Profits".

Na hora fiquei surpreso, mas, pensando bem, faz sentido. Se você se conhece, tudo fica mais fácil. Christine Porath argumentou: desenvolver o autoconhecimento é um passo fundamental em todo líder. Para liderar os outros é preciso, primeiro, se liderar! Parece óbvio. Mas por que é tão difícil?

SERÁ QUE É POSSÍVEL?

Autoconhecer-se significa olhar para dentro de si mesmo, o que gera um enorme desconforto. É muito mais divertido prestar atenção nos outros. Que atire a primeira pedra quem nunca fez isso! Eu mesmo faço isso às vezes, apesar de considerar esse comportamento pouco produtivo.

Deixar de reparar nos outros é uma missão quase impossível. Esse comportamento deve fazer parte do nosso DNA. Proponho equilibrar essa atitude, reparando menos nos outros e mais em nós mesmos.

Gostaria de atrair a atenção do leitor para as vantagens de começar a se reconhecer (do latim *recognoscere*, que significa "conhecer de novo"). Isso mesmo, reparar em si com a mesma energia dedicada a reparar nos outros, mas com novo olhar. Esse exercício de reconhecimento pode ser o início de uma busca mais profunda de quem você é, do que procura e deseja e de como quer ser visto pelo mundo.

Minha sugestão é começar pelo mais simples: observe como você é fisicamente!

Olhe-se no espelho, não sob a luz da vaidade, em busca de imperfeições, mas usando o espelho como ponte para olhar para dentro. Aprendi esse método com um terapeuta e achei prático, apesar de desconcertante no início. Ele pediu que eu olhasse fixamente entre as sobrancelhas, no que os indianos chamam de terceiro olho, por 30 segundos, e prestasse atenção aos pensamentos que brotavam sobre mim. Após as primeiras semanas, o desconforto foi sendo substituído pela curiosidade em relação à amplitude do meu ser.

Quem sabe após esses poucos segundos você consiga perceber outras dimensões da sua personalidade e direcionar mais energia no sentido de observar seus pensamentos, dissecar suas fraquezas e fortalezas, descobrir seu talento e decidir o que quer mudar. Assim, crescem suas chances de se interessar mais pelo que se passa dentro de você do que reparar nas roupas, no peso e nas rugas que as pessoas ao seu redor estão acumulando. E, por consequência, suas chances de evitar comentários dispensáveis do tipo: "Nossa, como você engordou, envelheceu ou está estressado" são maiores. Só isso já vai fazer bem às pessoas da sua convivência. Mas pode acontecer algo ainda melhor: quanto mais você reparar em si, olhar os sentimentos e os pensamentos que sua mente produz, mais tenderá a ser generoso com os outros e a fazer comentários positivos, capazes de estimulá-los em seus desafios diários.

 O jovem monge tibetano Yongey Mingyur Rinpoche relata no livro *Joyful Wisdom* a importância da

SERÁ QUE É POSSÍVEL?

meditação e do recolhimento em si mesmo para entender e respeitar mais o semelhante. Segundo ele, não importam o tempo ou o tipo de meditação que se pratica. Ter uma visão clara de si, de suas angústias, medos, temores e fraquezas desperta o sentido de compaixão e respeito pelos outros.

Outro autor que aborda o assunto de forma interessante e provocadora é o físico Arthur Zajonc no livro *Meditation as Contemplative Inquiry*. Além de explanar sobre física quântica, Zajonc se detém sobre a relação entre ciência, humanidades e as tradições contemplativas. Para ele, se não voltarmos ao nosso interior, estaremos perdendo metade do mundo – a outra metade é o mundo externo. Por isso, se não queremos viver pela metade, é importante acessarmos nossos sentimentos.

A meditação e o exercício do espelho nos ajudam a fazer contato com o nosso mundo interno e a aproveitar mais o mundo externo, integrando as várias esferas de nossa vida. Há várias técnicas de meditação: prestar atenção à sua respiração três vezes ao dia, contemplar uma bela paisagem ou mesmo observar atentamente o que há ao seu redor enquanto você caminha.

Em minha busca pelo autoconhecimento tenho praticado a meditação acumulativa: consiste em repetir determinada frase, o mantra sugerido pelo lama Kalden. Faço isso enquanto estou dirigindo. Levo uma hora para ir de casa para o trabalho e vice-versa. Em vez de ouvir música, medito. Perguntei ao lama Kalden se poderia usar esse tempo para esse fim e ele me autorizou. Disse que minha mente é tão turbinada que eu conseguiria meditar sem o risco de bater o carro.

Pratico a meditação acumulativa há dez anos. Durante esse período já tive vários *insights*. Paro, anoto, e volto a meditar. Mas nunca no meio do mala, só depois de completar a volta.

Se um pensamento "intruso" aparece, não refugo, espero que ele vá embora e volto para o mantra. A repetição provoca estímulos neurais que ampliam a percepção e a consciência. Isso ocorre não apenas no budismo, mas também no terço católico e nos cânticos do islamismo.

O pensador e guru empresarial Oscar Motomura, que organiza programas educacionais para executivos, diz que o conhecimento está no universo, a gente só faz *download*.

A meditação cria canais alternativos para captar o conhecimento, desenvolve outras habilidades e estimula o raciocínio não linear, por isso o conhecimento chega sob a forma de *insight*.

SERÁ QUE É POSSÍVEL?

Independentemente da técnica pela qual você optar, dedicar um tempo do seu dia à meditação com certeza trará muitos benefícios tanto no plano pessoal quanto profissional. Desse modo você poderá conquistar uma competência cada vez mais necessária ao líder e bastante valorizada no ambiente corporativo: o autoconhecimento.

TERCEIRIZANDO FRAQUEZAS

SERÁ QUE É POSSÍVEL?

Era uma vaga de diretoria. O candidato chegou bem recomendado, seu currículo impressionava: faculdade de primeira linha, experiência internacional, empresas de renome. Parecia que finalmente havíamos encontrado a pessoa certa para a vaga aberta havia tanto tempo.

Começou a entrevista. Fui fazendo as perguntas e recebendo as respostas adequadas. Tudo caminhava bem. Então pedi sua opinião sobre o trabalho de Renoir. Depois de alguns segundos, ele respondeu, de bate-pronto: "Adoro o trabalho dele, principalmente aquelas pinturas de praia que parecem ter sido feitas no Caribe".

O sinal amarelo acendeu: ele havia confundido Renoir com Gauguin e trocou o Taiti pelo Caribe. Dei uma colher de chá. Podia ser apenas um lapso. Mas, depois de outras duas perguntas aleatórias sobre assuntos diversos, percebi que ele tinha resposta detalhada para tudo, não necessariamente as mais corretas ou honestas.

Ao perguntar sobre Renoir, minha intenção não era contratar um *marchand*, mas checar sua honestidade, transparência e principalmente a consciência de que não é necessário saber tudo, muito pelo contrário. Foi aí que dei uma risada interna, não do candidato – que obviamente não foi contratado –, mas de mim mesmo, lembrando como já tinha me comportado assim, igualzinho a ele.

No meu percurso em direção à presidência, queria ser o melhor em tudo, o *Mister Perfect*. Com o autoconhecimento encontrei as minhas fraquezas, interagi com a insegurança e aprendi a conviver com elas. A primeira medida para administrá-las de maneira eficaz é assumir sua existência. Nos primeiros anos da vida profissional não é tão fácil. Em geral, demonstramos certa arrogância. Pensamos que podemos tudo e, se não podemos, aprendemos e buscamos como conseguir. Simples!

Não estou dizendo que não devemos procurar aprender e nos aprimorar como líderes, profissionais e pessoas. Muito pelo contrário. A postura de aprendiz é fundamental para nossa evolução. Acontece que queremos ser lembrados por aquilo que temos de bom

SERÁ QUE É POSSÍVEL?

e não por nossos pontos frágeis. Foi daí que criei o conceito de "terceirizar" minhas fraquezas. Elas podem ser terceirizadas, sim. Basta ter a capacidade de admiti-las e buscar, pragmaticamente, a solução, pois o líder é julgado pelos resultados que alcança. Vou usar o meu exemplo: tenho duas grandes fraquezas que demorei a admitir.

A primeira é que detesto detalhes e atividades rotineiras, principalmente as burocráticas. Os detalhes me aborrecem, distraem e esgotam a minha energia. Tenho de concordar com a frase que diz: "O inferno está nos detalhes". Mas, brincadeiras à parte, as atividades rotineiras são importantíssimas para qualquer posição profissional que você ocupe. Sendo assim, em vez de lutar contra essa fraqueza, eu a terceirizei.

Se você, assim como eu, não gosta de detalhes, contrate pessoas que os adorem e se satisfaçam cuidando deles. Transfira para elas a responsabilidade pelas tarefas detalhistas. Elas vão adorar e você, também.

> *"UM LÍDER PRECISA SABER O QUE NÃO SABE."*
> *George Bush, ex-presidente norte-americano (2001-2008), em evento de negócios*

Minha outra fraqueza é não saber criar conflitos. Bem administrado, o conflito na empresa é muito produtivo e recomendável. Do conflito nasce o consenso. Uma equipe sem conflitos, sem discussões, fica monocromática, tende a não inovar e, pior, a se acomodar.

 Sabendo da importância dos conflitos, ao formar minha equipe procurei trazer pessoas com perfis provocadores que fazem o papel de "advogado do diabo". Eu estimulo e parabenizo esse comportamento. As pessoas que adoram conflitos ficam felizes da vida e eu tenho a chance de exercer uma de minhas fortalezas, que é justamente a capacidade de construir a partir de visões diferentes e administrar conflitos em prol da empresa, possibilitando melhores resultados.

 Falando assim, parece simples, mas não é! Para delegar sua fraqueza para as pessoas que a tenham como fortaleza, é preciso dar uma baixada no ego. O líder pode fazer isso, claro!

 Liderar pessoas também é potencializar suas fortalezas. Sendo assim, procure na sua equipe alguém que tenha fortalezas complementares às suas e, quando for contratar alguém, lembre-se desse conceito antes de escolher o candidato finalista.

 Mas tudo isso começa com o autoconhecimento, o inventário de suas fortalezas e fraquezas. Somente

SERÁ QUE É POSSÍVEL?

depois desse mapeamento você pode terceirizar suas fraquezas para as pessoas que as têm como fortaleza. Pense nisso e livre-se do sofrimento de precisar ser perfeito em tudo para alcançar grandes resultados.

O CAMINHO MAIS RÁPIDO PARA RECEBER É ENTREGAR

SERÁ QUE É POSSÍVEL?

Disposto a ser um líder diferente e buscando encontrar mais sentido na minha vida, já ocupava uma presidência quando aprendi essa preciosa lição com o budismo: "O caminho mais rápido para receber é entregar".

Como demorei para aprendê-la! Sempre me esforcei para conquistar e lutei tanto para receber que durante muito tempo agi como um lobo solitário. Meu foco era extremamente individualista. Não entendia que o mundo é feito de conexões, reciprocidade e troca.

No budismo contemplei a lei da ação e reação, segundo a qual tudo o que pensamos, sentimos e fazemos gera uma resposta do mundo em contrapartida, agora ou mais tarde! Fiquei tão entusiasmado com a racionalidade dessa lógica que passei a praticar na expectativa de receber. Os resultados vieram, mas não na intensidade que eu esperava.

Então eu entendi que essa matemática divina tem um componente extra, uma espécie de fator de subtração que eu não estava considerando. A expectativa diminui o que você faz de bom, deprecia o mérito da ação e, consequentemente, o efeito não vem na mesma intensidade que a causa.

Já comprovei: toda vez que pratico uma ação sem expectativa de retorno, por incrível que pareça, a reação vem mais forte, mais generosa, amplificada e de fontes diversas. Aplicando essa lógica, descobri que se quero reconhecimento do mundo, se quero deixar um legado, se quero marcar positivamente a vida das pessoas, preciso, antes de tudo, reconhecê-las e permitir que elas marquem a minha vida, criando uma sincronia maior que os simples interesses individuais.

Comecei a praticar isso enquanto estava na Sodexo. Fiquei dez anos na empresa, três como presidente. Um dia recebi o telefonema de um *headhunter* perguntando se eu queria participar de um processo seletivo para presidente da Nextel. Na época, eu estava empolgado com o trabalho, o negócio crescia. Eram grandes as chances de ter uma longa história na Sodexo.

Mais por curiosidade, decidi participar do processo seletivo, que se estendeu por nove meses. Fui

SERÁ QUE É POSSÍVEL?

às reuniões e entrevistas tranquilo, sem grandes expectativas, até que recebi o telefonema do meu futuro chefe dizendo que eu tinha sido aprovado. Então bateram a ansiedade, a insegurança, a tremedeira. Conversei com minha esposa e medimos os prós e contras. A Nextel do Brasil havia realizado um grande trabalho interno, um *turn around* brilhante que focava melhor prestação de serviço e engajamento das pessoas mas que, na época, não era percebido pelo mercado. A empresa era vista mais como um competidor do segmento corporativo de rádio focado em segmentos como motoristas de táxi e *motoboys*. Para captar os profissionais liberais, seria preciso agregar aos produtos diferenciais intangíveis como *glamour*, modernidade, tendência e design.

O desafio me atraiu e pesou na minha decisão. Aos 40 e poucos anos, se não aceitasse a proposta, terminaria a minha carreira na Sodexo. Seria um roteiro positivo, mas cômodo. E o comodismo sempre me fez mal. Decidido a adicionar experiências diferentes ao meu currículo, troquei de "casa" mais uma vez.

A mudança também pareceu ser uma oportunidade de colocar em prática, ainda com mais convicção, o modelo de liderança que amadurecia comigo: para ser reconhecido, antes de tudo, é preciso reconhecer.

Quando cheguei à Nextel, estava decidido a mostrar que uma liderança que contemple o outro de forma mais plena é possível, realizável e benéfica para todos os envolvidos.

GANHAR PRESENTE É DAR PRESENTE

O telefone lá de casa tocou. Ana, nossa empregada, atendeu e disse que uma pessoa falando inglês estava querendo falar com minha esposa. Pelo menos, foi o que ela entendeu.

Anna pegou o telefone e teve uma grande surpresa. Do outro lado da linha, ou melhor, do mundo, Luiz Seabra, um dos fundadores da Natura, ligava para cumprimentá-la pelo seu aniversário. Isso aconteceu num sábado, 4 de dezembro de 2004.

Ao desligar, o rosto de Anna exibia um misto de gratidão, alegria e reconhecimento. Afinal, ela tinha saído da Natura havia mais de dois anos. A minha cara de espanto foi nítida ao perceber o quanto aquele telefonema tinha representado para ela.

Comecei, então, a refletir sobre como o aniversário pode ser um ótimo investimento para sua carreira e, por que não, para sua vida. No aniversário, ficamos mais sensíveis, esperando do mundo, consciente ou inconscientemente, uma espécie de atenção pelo nosso dia. Quando isso acontece, não há nada melhor. O momento do aniversário pode se converter em poderoso instrumento de motivação e conexão. É o melhor custo/benefício de tempo investido.

A minha técnica é a seguinte: peço à minha assistente, Ruth, que agende no meu *outlook* as datas de aniversários de todos os gerentes, diretores e vice-presidentes da empresa. Logo de manhã, quando chego ao escritório, já vejo para quem devo ligar desejando os parabéns.

Antes de fazer a chamada, penso um pouco sobre a pessoa em questão, considerando que mensagem-presente quero entregar. Faço, então, a ligação. Os telefonemas duram em média três minutos, o suficiente para desejar um feliz aniversário, passar uma mensagem e perguntar como está sendo o dia.

É tão simples! Sempre me surpreendo com o resultado positivo de um telefonema no aniversário. As pessoas simplesmente adoram! Sentem-se reconhecidas e consideradas. Esses breves momentos humanizam a relação corporativa, gerando conexão, motivação e senso de pertencimento.

E tem também um lado engraçado! No começo alguns desconfiam, acham que é uma pegadinha dos colegas. Mas, depois de receberem a "famosa" ligação no primeiro ano, reclamam se por qualquer motivo ela deixa de ocorrer no ano seguinte!

Você não precisa ser presidente, diretor ou gerente para praticar isso. É só listar as pessoas importantes da sua vida profissional, incluindo seu chefe, e ligar para elas, ou mandar um e-mail pessoal com a sua mensagem de aniversário. Se quiser e tiver tempo, pode ampliar essa lista e incluir clientes, amigos, fornecedores, antigos chefes e colegas. Enfim, pessoas relevantes no seu trabalho.

O mais importante é que, além de deixar sua marca positiva num momento importante na vida das pessoas, ao praticar essa técnica de maneira genuína, você recebe verdadeiros presentes. A satisfação dos aniversariantes com seu telefonema traz muita energia para seu dia.

E quando chega o seu aniversário "chovem" presentes desse tipo para você, o que é muito melhor do que um bolo enorme não compartilhado.

Teste, pratique e comprove! Eu garanto! Vale muito a pena, custa pouco – uns minutinhos apenas – e é um ótimo investimento para nós que buscamos nos diferenciar com quem realmente importa pra gente!

NAS HORAS CRÍTICAS, COLOQUE-SE NO LUGAR DO OUTRO

Contratar, promover e demitir são três momentos estressantes para um executivo. Vamos refletir sobre eles, começando pelo mais tenso: demitir. Independentemente de ser justificada ou não, a demissão gera uma revolução na vida da pessoa.

Ao longo da minha carreira, tive de fazer diversas demissões e não é nada fácil. Demitir alguém é sempre uma batalha. O estresse começa bem antes, quando se define a demissão, e se prolonga até o instante em que ela se materializa. A grande maioria dos gestores prefere que esse momento seja muito breve. Desejam se livrar do demitido o mais rápido possível. É compreensível.

O efeito, porém, é terrível! Conversando com pessoas que foram demitidas, concluí que a sensação predominante é a sensação de descarte. Alguns dizem que os gestores os tratam como se fossem leprosos. Tentam encerrar rapidamente a conversa, sempre botando a culpa na empresa, no chefe do chefe, na matriz, no cenário econômico.

    Numa tentativa de minimizar sua culpa e seu estresse, alguns líderes negociam um pacote generoso com o RH e falam disso ao demitido ressaltando que batalharam muito para que o demitido recebesse uma compensação mais do que justa. De fato, o pacote é importante, mas ele não é a única parte desse processo. O demitido, às vezes, fica tão abalado que acaba não valorizando o esforço do gestor no sentido de compensá-lo.

    Pensando nisso – no impacto sobre os demitidos e no estresse gerado quando tinha de demitir alguém –, comecei a aplicar o princípio da reciprocidade, o que facilitou a minha vida e, acredito, a das pessoas que demiti.

    O princípio da reciprocidade permeia várias religiões, entre elas o budismo e o judaísmo. Parte da premissa que devemos fazer pelos outros o que gostaríamos que os outros fizessem por nós. Por isso, nessas ocasiões, preparo minha conversa pensando no perfil do demitido e também na forma como gostaria de ser tratado em situação semelhante.

    Depois que fiz o exercício de projetar a minha demissão, alguns fatores passaram a orientar as minhas reuniões de demissão. O primeiro é o respeito. Toda demissão deve ser feita respeitando o próximo e não o depreciando como profissional nem como pessoa. O segundo é que o demitido, na maioria das vezes, quer se justificar, explicar seus erros, mas também quer falar dos seus acertos na empresa. Ele tem vontade de desabafar, mas poucos gestores se dispõem a ouvi-lo. Deixá-lo fazer isso alivia a tensão nesse momento difícil. E então, se for o caso, o chefe pode ressaltar as características positivas do demitido, o aprendizado que esse momento pode trazer e se dispor a dar referências. Isso tende a deixá-lo mais animado e consciente do que o espera na nova etapa.

Só depois de tudo isso eu menciono o pacote e faço questão de explicá-lo direitinho para que o demitido compreenda o que vai receber e por quê. De maneira alguma me considero bonzinho ou generoso em função desse pacote.

"O CONHECIMENTO AUXILIA POR FORA, MAS SÓ O AMOR SOCORRE POR DENTRO."
Albert Einstein, físico e humanista (1879-1955)

SERÁ QUE É POSSÍVEL?

Toda vez que usei a regra da reciprocidade – demitir da maneira que gostaria de ser demitido – consegui lidar melhor com o desconforto da situação. E, pelo relato das pessoas que demiti, essa decisão foi ainda mais importante para elas.

Veja o que aconteceu com Nilo, gerente de vendas de uma filial importante de uma empresa em que trabalhei. Na época, eu já era diretor-comercial, passando a diretor-geral, e sentia que o desempenho de Nilo vinha caindo ano a ano; por mais que ele se esforçasse para reverter a situação, sua paixão não estava mais naquele trabalho. Ele havia perdido a conexão com a empresa, o que influía negativamente na sua performance e nos resultados da equipe.

Quando o profissional coloca a empresa como a última das suas prioridades, ansiando pelos fins de semana, e motivado apenas pelo salário, em geral não existe mais volta. Numa reorganização do setor de vendas cheguei à conclusão de que Nilo deveria ser demitido. Na hora H usei a regra de ouro: pensar em como eu gostaria de ser demitido. Comecei ressaltando todos os feitos passados de Nilo, deixei-o falar de seu desempenho recente, como ele se avaliava e das suas dificuldades para superar metas nos últimos tempos.

Reconheci todo o seu esforço e energia dedicados na reversão dessa tendência (já tinha dado um cartão amarelo quatro meses antes) e elogiei as atitudes éticas demonstradas ao enfrentar esse desafio, mesmo sem conseguir superá-lo.

Comuniquei sua demissão dizendo que ele poderia "fazer desse limão uma limonada", se utilizasse seu potencial e suas competências em alguma atividade pela qual se apaixonasse. Nilo é historiador e deixou de lado essa formação ao entrar na empresa. Finalizei nossa conversa explicando a ele os detalhes de seu pacote e, principalmente, incentivando-o a usar esse tempo para se reconectar com seu projeto de vida.

Sete anos mais tarde, eu vi um depoimento de Nilo no site *thenewlife.com.br*, onde falava do meu modelo de liderança. Ele contou sobre sua demissão e, o mais importante, sua reconexão com sua paixão. Hoje, o ex-gerente de vendas faz doutorado em história na PUC de São Paulo.

Fiquei feliz de saber que o momento difícil serviu de empurrão para que ele resgatasse seu projeto de vida. Isso reforçou a minha convicção de que usar a regra de ouro traz benefícios para quem sai e para quem fica.

SERÁ QUE É POSSÍVEL?

Fazendo a coisa certa na promoção

    A mesma regra vale ao dar as boas notícias. Refiro-me às promoções e aos aumentos de salário por mérito. Em geral, capitalizamos muito pouco esses momentos tão especiais para nossos colaboradores. Comunicamos o fato, fazemos um elogio aqui ou ali e ponto.
    Mas, se fosse a nossa vez, gostaríamos que a promoção fosse comemorada pelo chefe e pelas pessoas que nos querem bem. Afinal, uma promoção não chega toda hora e é fruto de uma sucessão de realizações.
    Por isso, na próxima promoção que fizer, capriche! Prepare-se: compre uma lembrança pessoal para marcar o momento e escreva um bilhete de próprio punho expressando sua felicidade com o ocorrido. Se achar conveniente, vale juntar a equipe num *happy hour* para comemorar.
    O efeito residual se prolonga muito. O promovido jamais esquecerá sua consideração para com ele e, claro, vai se esforçar ainda mais para trazer os resultados que você espera. Além disso, toda a equipe reconhecerá em você um chefe que valoriza de verdade as pessoas e, o mais importante, faz questão de anunciar isso.

Eis um exemplo de como aplicar a regra de ouro nas promoções pode trazer momentos inesquecíveis. Giovanni Dutra, gerente de vendas da filial Fortaleza de uma multinacional em que trabalhei, disputou por quase três meses a posição de gerente regional para o Nordeste com outro colega de uma filial maior. Com muita integridade e foco demonstrou, após criteriosa avaliação, ser o indicado para a promoção.

Ao comunicar essa boa notícia a Giovanni, potencializei ao máximo aquele momento feliz. Nós nos reunimos em um hotel da capital cearense para falar do desempenho da sua equipe. Propositalmente, deixei para o final a avaliação 360 graus de Giovanni: por quase 90 minutos destaquei seus pontos fortes com exemplos concretos observados no ano anterior. Ao fechar a avaliação, procurei fazer seu plano de desenvolvimento. Conforme ia falando, vi que sua ansiedade aumentava. Finalmente, abordei a disputa pela gerência regional e os critérios que orientaram a decisão e deixei para falar por último sobre o critério "potencial para continuar crescendo na empresa". Em seguida, comuniquei a ele sua promoção.

Giovanni, como todo "cabra macho" nordestino, é avesso a demonstrar emoções. Mas dessa vez ele desabou! No bom sentido, é claro! Chorou e me

SERÁ QUE É POSSÍVEL?

abraçou de felicidade, olhou nos meus olhos e disse que não me desapontaria. Daí pediu um tempo e foi correndo ligar para o pai e para a esposa.

Depois, fez questão de me chamar para um jantar em que continuamos a falar das oportunidades e desafios que essa posição exigia, mas também de como estava convencido de que ele teria muito sucesso nessa nova etapa.

Terminado o jantar, enquanto me levava de volta ao hotel, Giovanni perguntou se poderíamos dar uma paradinha. Eu concordei, supondo que fosse comprar alguma coisa. Que nada! Giovanni me levou à casa de seus pais. Ao me apresentar, a eles disse que ali estava o homem que havia confiado na capacidade dele e que nunca se esqueceria disso.

Errando menos na contratação!

Ops, errar menos? Não deveria ser acertar mais? Mas é isso mesmo: errar menos, pois contratar pessoas e acertar é uma das tarefas mais difíceis de um líder. Eu já contratei muita gente e errei muito.

Participei de cursos e treinamentos para seguir as melhores práticas de recrutamento e seleção existentes, mas o índice de erros e desapontamentos era grande. Uma contratação inadequada afeta muito a sua performance e a da sua equipe. Os resultados não aparecem como desejados. Perde-se tempo, pois uma nova busca pode durar meses. Isso desgasta e desmotiva. Sem falar do sentimento de culpa por ter contratado errado e da sensação de derrota de quem vai sair.

Sou a favor de fazer a verificação da capacidade técnica do candidato e compará-la com as necessárias para a posição, claro! Mas observar apenas o currículo e suas referências talvez não seja suficiente. Afinal, como costumamos brincar (seriamente), o papel aceita tudo. Com o auxílio da internet, um candidato pode se preparar para as perguntas mais frequentes, pesquisar tudo sobre sua empresa e até sobre o entrevistador, criando um conhecimento e empatia artificiais apenas com a ambição de conquistar a tão esperada vaga.

Para evitar novos erros, procurei desenvolver uma abordagem diferente e complementar nas contratações dos colaboradores que se reportam a mim. Após verificar as competências técnicas, eu me detenho sobre as competências emocionais, tão ou mais importantes para os líderes do que ser especialista em determinada função.

SERÁ QUE É POSSÍVEL?

Começo tirando o candidato da sua zona de conforto. É um jeito de quebrar o possível ensaio que ele fez para a sua performance na entrevista. Começo abordando temas incomuns: o que ele tem de pior, qual foi o seu grande fracasso, o que mais detesta fazer. Essas perguntas podem revelar sua capacidade de lidar com a pressão, além de sua flexibilidade e autoconhecimento.

Faço mais perguntas inesperadas: o que é felicidade para ele, do que tem mais medo, como gostaria de ser enterrado, seu poeta e pintor favoritos, qual foi o dia mais feliz da sua vida. As respostas revelam várias características da personalidade do candidato de forma mais autêntica.

Encerro minhas entrevistas com mais dois passos: no primeiro, solicito que ele descreva a história da sua vida – passado, presente e futuro – em 45 segundos. Então checo sua rapidez e as capacidades de comunicação e síntese, suas prioridades futuras e ao que ele se apega na hora de fazer essa descrição. No segundo passo, dou a ele a oportunidade de me fazer três perguntas sobre qualquer assunto. Com isso, percebo o quanto ele conhece da empresa, da vaga e, principalmente, seu interesse genuíno na posição pela qual está concorrendo.

Tem um comportamento que desclassifica qualquer candidato, mesmo os mais aptos do ponto de vista técnico: a mentira. Não adianta inventar ou maquiar experiências tentando se vender como perfeito. Integridade e honestidade são fundamentais em qualquer colaborador.

Por isso, meu conselho a você, candidato, é ser autêntico. Demonstre apetite pela oportunidade. Fale com a mesma destreza dos seus defeitos e de suas fortalezas e trate de conhecer mais a empresa e as pessoas com quem vai trabalhar.

Aos que vão recrutar, recomendo sair do lugar-comum, olhar as expressões faciais e corporais do entrevistado e confiar na sua intuição. Assim, podem errar menos na tarefa tão difícil de escolher quem vai fazer parte do seu time.

NÃO SENTE NOS SEUS PROBLEMAS

Santa ingenuidade! No começo da carreira, eu tinha a falsa ilusão de que ao chegar lá, sendo o "lá" a tão desejada presidência, os problemas ficariam menores. Teria apenas de levar a empresa ao crescimento de modo que se destacasse no seu mercado de atuação. E, se algum desafio aparecesse, usaria os fartos recursos e as pessoas ilimitadas que teria à disposição.

Na prática e no topo, por assim dizer, acontece justamente o contrário! Temas e decisões que eu nem pensava existir passaram a ser de minha responsabilidade. Quanto mais crescemos na pirâmide corporativa, mais os problemas aumentam, de tamanho e de complexidade. Às vezes, com formas e dimensões que exigem cada gota de nossa persistência, paciência e criatividade. O presidente de uma grande empresa nacional comentou certa vez: "Minha vida é resolver o problema das 8 horas, o das 9 horas e assim por diante, até o fim do dia".

SERÁ QUE É POSSÍVEL?

Que os problemas estão globalizados, todo mundo sabe. Que aparecem em todas as dimensões possíveis – pessoas, processos, concorrência, tecnologia, captação de recursos – também não é novidade. Então, quando cheguei à presidência e os problemas começaram a exigir solução, eu precisei fazer a pergunta certa: "Qual é a minha percepção sobre a origem dos problemas?" Então me reconectei àquela frase sábia que aprendi com o budismo: "O caminho mais rápido para receber é entregar".

Aplicando essa convicção ao tema, percebi que uma boa maneira de resolver os meus problemas é pensar nos de outras pessoas. Tenho praticado isso no meu cotidiano. Quando estou diante de uma situação complexa, dedico uma hora do meu dia para tentar ajudar alguém.

Logicamente, não se pode esperar que a solução para o seu problema caia do céu como um milagre. Mas tenho observado um avanço na maneira de lidar com as dificuldades. Esse incremento de performance, por assim dizer, veio de alguns *insights*!

Um deles é que, ao canalizar nossa energia na solução do problema alheio, a dimensão do nosso parece diminuir. Saímos do centro das atenções onde nos colocamos como se fôssemos o único coitadinho a enfrentar desafios. Outro *insight* importante é que, ao dedicar um tempo a ajudar o outro na resolução de seus problemas, nós nos desconectamos emocionalmente, ainda que por breve período, de nossas dificuldades e abrimos espaços para que soluções mais criativas brotem mais tarde.

    Durante uma aula, o professor Jagdish Parikh, autor do *best-seller Managing Your Self*, demonstrou de forma simples e tangível como a desconexão emocional facilita a correta visão e solução de um problema.

    Parikh colocou uma cadeira vazia no centro da sala e chamou um aluno para sentar-se nela. Logo a seguir perguntou o que ele visualizava da cadeira em que estava sentado. Contorcendo-se todo, e com um torcicolo iminente, o aluno informou que via os braços, parte do assento e das pernas daquela cadeira. Então Parikh comparou a cadeira a um complexo problema, levando a classe a perceber que a forma mais abrangente de enxergar a *cadeira-problema* é se afastar dela. Só assim podemos avistar todas as dimensões e conexões, adquirindo uma visão mais abrangente do problema e possivelmente mais *insights* de soluções.

    Um último aprendizado: a desconexão emocional momentânea pode aprimorar a amplitude das

SERÁ QUE É POSSÍVEL?

soluções, mas não podemos nos enganar achando que o afastamento definitivo traga a solução. Ao contrário, aumenta as chances de os problemas crescerem. É preciso conversar interna e externamente sobre os problemas. Internamente significa integrar o problema ao seu cotidiano em vez de se amedrontar e fugir dele. Externamente é falar com outras pessoas, como eu e um grande amigo temos o costume de fazer. Isso também facilita a solução. Mas deixe a intuição ligada, por favor! Não existe nada mais desagradável do que o reclamão, aquele que só se queixa e não se interessa por nada à sua volta.

Tratar um problema como parte da viagem e não uma barreira intransponível diminui o desgaste que ele pode trazer à sua vida. Foi o que fez o iatista Robert Scheidt, um dos atletas brasileiros mais bem-sucedidos de todos os tempos.

Aos 23 anos de idade, depois de conquistar a primeira medalha olímpica, em Sidney, Robert viveu um período de ressaca. Devido à dificuldade de arrumar patrocínios e pagar as contas, pensou em desistir de ser atleta profissional e dedicar-se à administração de empresas, curso em que havia se graduado.

Mas, ao sair de uma academia em um *shopping* de São Paulo, foi abordado por um empresário interessado em saber como estavam as coisas. Respondeu que estava bem, mas por falta de patrocínio considerava a possibilidade de abandonar o iatismo. Sensibilizado, o empresário ofereceu um patrocínio que, embora não cobrisse todas as despesas, deu o empurrão necessário para Robert seguir em frente em busca do seu sonho. Depois daquele evento, Robert conquistou mais quatro medalhas olímpicas (a última em Londres, 2012), foi várias vezes campeão mundial e até conheceu sua esposa, também iatista olímpica. A lição é que falar dos problemas com sensibilidade ajuda, pois se podemos ser parte da solução dos problemas dos outros eles também podem ser parte da solução dos nossos.

Tanto podemos acreditar que a generosidade proativa e a dedicação ao outro trazem benefícios e energias positivas quanto perceber que a desconexão emocional acelera pragmaticamente a resolução de um problema. Essas vertentes separadas ou combinadas oferecem uma nova perspectiva na hora de lidar com uma mensagem, um alerta, quaisquer manifestações que o mundo nos traz e às quais teimamos em dar o nome de "problema".

PRESSÃO DEMAIS PODE LEVAR À DEPRESSÃO

Com tantas cobranças pesando sobre o líder, decisões a serem tomadas e responsabilidades crescentes, o risco é sucumbir à pressão. Ainda jovem tive a oportunidade de acompanhar casos de executivos que foram vencidos pela ansiedade e entraram em depressão. Por isso, em um almoço com o ex-presidente norte-americano George W. Bush, aproveitei a primeira oportunidade e perguntei: "Como você lidava com a pressão, já que ocupou o cargo mais poderoso do mundo, e especialmente depois do atentado terrorista de 11 de setembro?" Ele suspirou e respondeu de maneira franca e direta: "Rezava pela manhã bem cedo, fazia muita ginástica no início da noite e acreditava fortemente no meu propósito, que naquele período ficou muito claro para mim: proteger o povo americano". Independentemente da opinião que cada um tenha a respeito da pessoa, da gestão ou do

SERÁ QUE É POSSÍVEL?

propósito do ex-presidente, foi o tripé físico/espiritual/emocional que lhe permitiu conviver com as pressões fortíssimas do seu cargo e atravessar as turbulências.

Portanto, saiba desde já: se você quer ser presidente de empresa, deve se preparar para conviver com níveis quase insuportáveis de estresse. Uma das formas é reconhecer que a pressão existe e, de certa forma, faz parte do pacote de benefícios e deveres da posição. Não adianta negar ou fingir que é diferente.

Também ajuda usar o lado positivo do estresse, chamado *"eutress"* ou bom estresse: ele desperta uma energia que pode ser canalizada para buscar soluções. Da mesma forma que o incomoda e provoca, você pode direcioná-lo para incomodar e provocar seu time.

Ao contrário do que se ouve dizer, vale a pena levar a pressão para casa. Se você atravessa um momento difícil na empresa, precisa conversar a esse respeito com sua família. Se quiser separar as duas esferas, sua casa do trabalho, seu corpo acabará falando por você. Embora até participe de eventos familiares, você parecerá distante ou ausente, totalmente calado ou incapaz de aproveitar o passeio e a companhia das pessoas. Às vezes, é difícil deixar a família em sintonia com seu momento, ou talvez exista o desejo de poupá-la de preocupações. Mas nos momentos de pico compartilhar ajuda a reenergizar. Para conviver melhor com a pressão, vale cultivar outros interesses. *Hobbies*, amigos, família, arte e viagens colaboram para manter certa distância dos assuntos do escritório. Se tudo na vida se resume ao trabalho, não há válvula de escape. Corre-se o risco de explodir. Trocar ideias com pessoas que ocupam cargos elevados também dá resultado. Ao se inteirar da vida de colegas num *happy hour*, por exemplo, você percebe logo que a pressão não é exclusividade sua. Às vezes, as dificuldades deles são até maiores.

O exercício físico é outro aliado importante. Além de ajudar a liberar a tensão que vai se acumulando no organismo, ele pode mobilizar uma energia positiva para lidar com todas as demandas. O exercício aeróbico (corrida, natação, bicicleta, caminhada, dança) gera adrenalina. Por isso, quando vou participar de um evento, como uma palestra à noite, e quero uma dose extra de motivação, costumo correr uma hora antes. Tomo um banho e vou para lá. O efeito é ótimo!

Também corro de maneira disciplinada de três a quatro vezes por semana, na parte da manhã. Peço a Ruth, minha secretária, que assinale na

SERÁ QUE É POSSÍVEL?

agenda *personal trainner* e reservo aquele tempo para o exercício físico. Nas viagens que faço a trabalho, procuro correr na rua logo pela manhã. Assim, eu conheço a cidade sob um ponto de vista diferente. Olho para as pessoas, vejo o movimento; olho para cima, observo o topo dos prédios e descubro detalhes incríveis. Essas corridas estimulam novas competências e outro olhar.

Além disso, o futebol ainda faz parte da minha vida. Uma vez por semana jogo bola com os vendedores da empresa. Berro, xingo, sou xingado, levo e dou porrada. É o momento de extravasar, mas também de me conectar com a equipe, de passar e receber mensagens de maneira informal. Fico sabendo se uma campanha foi boa se determinada oferta está sendo bem recebida. Quer dizer, é possível aliviar a pressão associando o trabalho a uma atividade divertida e prazerosa.

Finalmente, o que também ajuda a lidar com a pressão é ter uma meta bem definida, saber aonde pretende chegar. Esse senso de propósito é individual e pode variar ao longo do tempo, mas é ele que dá um sentido maior aos momentos difíceis.

**QUANDO PARECER FRACO
É A MAIOR FORÇA**

SERÁ QUE É POSSÍVEL?

Demonstrar fraquezas aproxima os grandes líderes de suas equipes. A afirmação é de Didier Marlier, excelente consultor e amigo, coautor do livro *Engaging leadership*, que se baseia em fatos reais. Eu sabia disso e na minha escalada profissional já tinha sentido a importância da exposição correta das deficiências por parte do líder.

Houve momentos em que pedi desculpas e admiti erros de julgamento ou decisão para evitar um conflito maior ou colocar um ponto final numa situação desfavorável e pude observar os benefícios dessa iniciativa. Nessas ocasiões, admitir um erro fez dele um grande acerto!

Mas o que aconteceu em junho de 2012 foi bem mais profundo, abrangente e transformador.

Para que a empresa onde trabalho continuasse surfando na onda do crescimento, solicitamos aos nossos colaboradores, principalmente aos da área de atendimento ao cliente, a implementação de instrumentos e procedimentos que tiveram efeito benéfico em curto prazo, mas poderiam nos afastar de um futuro ainda melhor.

Cabe esclarecer que não praticamos nada inadequado ou ilegal, apenas reforçamos as ferramentas de retenção de determinada base de clientes. O desafio de balancear as pressões de curto prazo e as rotas adequadas para o crescimento futuro faz parte da rotina de cada gestor.

O tempo passou e percebemos que seria preciso corrigir o rumo. Após discutirmos entre nosso time, aprovamos com a matriz o retorno à base de clientes mais adequada ao nosso modelo de negócios, mesmo que isso significasse um crescimento menor que o projetado para 2012.

Decisão tomada, era hora de comunicá-la aos nossos colaboradores da área de atendimento ao cliente. Para disseminar mais rapidamente a mensagem dessa virada, o time que coordenava o projeto decidiu fazer um vídeo para o treinamento, que começaria no dia seguinte.

Fiz um breve ensaio da mensagem que eu pretendia transmitir. Decidi iniciar com um pedido de desculpas. Expliquei que tínhamos instruído os

SERÁ QUE É POSSÍVEL?

colaboradores a realizar tarefas que, embora fizessem sentido financeiramente, afastavam-nos da nossa essência. Reconheci que eles haviam executado tudo com afinco, mesmo não acreditando que seria o melhor. Disse que em meu nome eu estava pedindo desculpas por isso, que atitude era obrigação e responsabilidade minha como presidente da empresa. Depois anunciei as novas medidas e os resultados esperados e concluí em tom de otimismo e confiança.

O vídeo foi mostrado durante o treinamento no dia seguinte e depois postado no meu *blog* para que os nossos 7 mil colaboradores na época tivessem acesso a ele. Então, o inesperado aconteceu! Recebi mais de 80 comentários. Além de manifestarem satisfação com as boas notícias, os autores expressaram a comoção que o pedido de desculpas havia gerado neles.

"Gostaria de parabenizá-lo por sua coragem e respeito em postar esse vídeo, que emocionou grande parte de nós, colaboradores. Esse vídeo marca a história da empresa. [...] tenho orgulho de fazer parte dela", escreveu uma funcionária.

"Nunca vivenciei em nenhum momento de minha vida em outras empresas palavras de um presidente expondo seus sinceros sentimentos", afirmou um colaborador do Rio de Janeiro.

"Parabéns a você e ao time de liderança pela coragem de postar esse vídeo, principalmente em pedir desculpas", registrou uma colaboradora.

"Agradeço de coração a preocupação que sempre tem por nós e a humildade que permanece intacta, o que fica provado com o pedido de desculpas", postou outra funcionária.

"Você realmente me surpreende a cada dia. Fazer um vídeo para os colaboradores, isso faz com que eu o admire mais", comentou outro membro do time.

"Parabéns pela humildade em reconhecer algo que não foi tudo o que se esperava e voltar atrás; essa sua atitude nos inspira", admitiu outro integrante da equipe.

A surpresa ante o pedido de desculpas, ainda mais em vídeo – era como se eu estivesse falando ao vivo –, e a aprovação da atitude de reconhecer meu erro de forma tão explícita eram pontos comuns a todos, bem como a reafirmação da confiança no meu trabalho.

É interessante como um pedido de desculpas pode aproximar o líder do seu time, fortalecer a conexão emocional entre eles e ainda ser um fator adicional de engajamento e motivação.

Os líderes em geral querem parecer infalíveis. Têm a ilusão de que não podem cometer erros – e

SERÁ QUE É POSSÍVEL?

muito menos demonstrá-los. Sofrem de uma espécie de "complexo de super-homem". A cada segundo precisam transmitir força, inteligência e energia.

Às vezes, porém, a melhor maneira de ser forte é se mostrar vulnerável. Demonstrar sua fragilidade de forma genuína, nos momentos adequados, não só aproxima, humaniza e conecta, mas, principalmente, aumenta a admiração que as pessoas nutrem por você.

Em vez de pensar nas oportunidades que perdi de admitir publicamente um erro por medo de me fragilizar e me tornar presa fácil, olho agora esse presente recebido. Melhor que saber e sentir é praticar!

E-MAILS QUENTES, CABEÇA FRIA

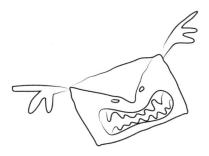

SERÁ QUE É POSSÍVEL?

Perguntei a um empresário muito famoso o segredo do seu sucesso. Entre as várias atitudes que ele mencionou, a que mais se destacou foi a disciplina, que pode e deve ser aplicada a tudo, até a um simples e-mail.

Quem nunca recebeu um e-mail carregado de raiva? Ou uma bronca pelo correio eletrônico da empresa? Eu já, e foram vários!

Descarregar no e-mail é muito mais fácil do que pessoalmente. Olhando a tela do computador, ficamos muito mais à vontade e protegidos para extravasar – às vezes com total (outras vezes sem nenhuma) razão. A nossa tendência ao receber um e-mail desse tipo é logo dar o troco e responder na mesma moeda, iniciando uma briga não presencial. Afinal, se o outro pode, por que a gente não pode?

Justamente para esses casos a dica desse empresário se revelou muito útil. Ao abrir um

142

e-mail com essas características, ele nunca responde imediatamente. Prefere deixá-lo descansar em sua caixa de entrada por, no mínimo, 24 horas. Assim, a sua resposta a uma provocação tende a ser mais sábia e produtiva, em vez de apenas colocar ainda mais lenha na fogueira, sob pena de queimar a reputação que você está construindo com tanto esforço, na empresa e no mercado. Como no e-mail tudo o que foi escrito fica registrado, uma resposta errada pode ter efeito muito negativo na sua vida profissional.

Para reforçar sua tese de que responder e-mail chato na hora é uma fria, esse empresário me propôs um teste simples que eu aceitei prontamente. Você também pode fazer esse teste, se não comprar essa ideia de primeira.

Quando receber seu próximo e-mail-bomba, prepare sua resposta, mas não a envie, salve na pasta de rascunhos. No dia seguinte, escreva outra resposta e compare com a primeira. Todas as vezes que fiz esse teste a segunda resposta foi muito melhor, mais produtiva e, principalmente, bem mais educada, sem deixar de resolver o assunto. A diferença entre as duas foi significativa, embora a intenção da resposta às vezes coincidisse.

SERÁ QUE É POSSÍVEL?

Hoje, pratico essa dica e já passei por diversas situações em que ela me salvou a pele. Se ao comparar as duas respostas a primeira soar melhor do que a segunda, sem problemas: mande a primeira com a consciência tranquila. Ela passou no teste e você não corre o perigo de se arrepender por ter agido rápida e impulsivamente.

A MAIORIA DAS APRESENTAÇÕES NÃO TEM *POWER* NEM *POINT*

SERÁ QUE É POSSÍVEL?

A visita do presidente mundial da multinacional em que eu trabalhava à sede no Brasil, em 1996, provocou correria entre os executivos. Pensando bem, não foi correria, não! Foi o caos! Meu chefe na época queria tanto impressionar o superior que mudava o conteúdo da apresentação a cada revisão. Ficamos mais de um mês preparando os *slides* e, nas semanas que antecederam a visita, as mudanças eram diárias. Isso só aumentava a ansiedade de todos nós.
    Faltando cinco dias para a chegada do presidente mundial, começaram os ensaios. Eram tão longos que varavam a madrugada. Ficamos exaustos! Dois dias antes, o presidente decidiu que eu faria a apresentação de marketing no lugar do diretor mais sênior da minha área. Lembro-me de que me esforcei ao máximo. Cheguei a passar mal na véspera, com forte dor de estômago e náuseas. Tive insônia. Tudo por causa de uma apresentação para gringo ver!

Felizmente, a apresentação transcorreu como deveria. De tão ensaiado, eu parecia um papagaio falante. Ao final, estava desgastado, física e emocionalmente. Essa foi a pior e mais traumática apresentação que eu já fiz. A lição que ficou é que, ao querer fazer bem demais, corremos o risco de aniquilar as pessoas e suas motivações, como aconteceu nesse caso.

Milhares de apresentações são feitas, todos os dias, por e para executivos no mundo. A maioria é pouco eficaz. Prende-se a jargões que não surpreendem nem envolvem a plateia. Por medo de ousar, os palestrantes acabam optando pelo óbvio e a mensagem, quando consegue chegar ao destino, vai sem força.

Tudo bem que as reuniões empresariais não sejam o local mais apropriado para comportamentos excessivamente arrojados. Esses eventos pedem prudência e sequência lógica de raciocínio. Mas a busca pela inovação e a adequação da linguagem já podem ser consideradas um grande passo para o sucesso de uma apresentação.

Tive diversas oportunidades de conferir isso na prática. A melhor palestra que eu fiz foi na convenção anual de vendas da Nextel, em fevereiro de 2010, para cerca de 600 pessoas. Ela foi construída e executada mesclando várias técnicas dos melhores

SERÁ QUE É POSSÍVEL?

especialistas no gênero, como o comentarista de notícias TJ Walker e o *coach* de comunicação Carmine Gallo. Vale a pena conhecer o trabalho desses autores se quiser dar um *upgrade* nas suas apresentações. Contratado para ajudar a preparar apresentações e discursos de celebridades, artistas, CEOs e políticos, TJ Walker é quase uma unanimidade. Seus livros destacam a importância de treinar a apresentação, filmar sua performance e fazer uma autoanálise. Walker recomenda que as apresentações contenham, no máximo, cinco mensagens-chave.

Ele também ensina a ganhar a confiança do público, sem cair nos extremos de bancar o palhaço ou o arrogante. Em seu livro *TJ Walker's Secret to Foolproof Presentations*, ele coloca que a maioria dos palestrantes nem se dá ao trabalho de conhecer o público. Focam em si mesmos por achar que tudo vai girar em torno somente do que eles falarem: minha palestra, meus *slides*, meu discurso.

Segundo Walker, o segredo está em sinalizar para a plateia que o palestrante se preocupa com ela genuinamente. Entre as técnicas para estabelecer essa conexão, estão: iniciar a apresentação contando algo interessante sobre o local onde estão ou sobre a plateia e nunca sobre si, incentivar perguntas a todo momento, olhar firmemente nos olhos de algumas pessoas, movimentar-se pelo ambiente para perceber outros ouvintes e, principalmente, reagir de forma igual perante os estímulos negativos e positivos que podem ocorrer durante uma interação.

Para não parecer animador de circo nem palhaço de picadeiro, é preciso utilizar o humor na dose certa. Se a plateia está sorridente (e não está dormindo, como acontece às vezes), é sinal de que você conseguiu captar a atenção das pessoas, que elas o compreenderam, que gostam do que estão ouvindo e não estão aborrecidas (o que pode significar que o discurso está sem conteúdo).

Walker ressalta que não é aconselhável começar a palestra com uma brincadeira. Para ele, isso é um clichê muito usado a fim de parecer simpático de cara e logo conquistar a audiência. Mas, se quiser fazer isso, escolha um exemplo pessoal, nunca dos outros, pois cada participante tem uma maneira peculiar de absorver uma piada.

"TODAS AS FLORES DO FUTURO ESTÃO CONTIDAS NAS SEMENTES DE HOJE."

Provérbio chinês

SERÁ QUE É POSSÍVEL?

Outro mestre das apresentações é Carmine Gallo, que me foi recomendado pelo CEO da Nokia Siemens, Rajeev Suri, durante um almoço em São Paulo. Suri vive fazendo apresentações para motivar e engajar seus colaboradores de várias partes do mundo. Gallo escreveu um livro interessante dissecando as apresentações de Steve Jobs, talvez o mais famoso palestrante do mundo moderno: *The Presentation Secrets of Steve Jobs: How To Be Insanely Great In Front Of Any Audience*. Da concepção do roteiro aos detalhes da construção dos slides, o livro apresenta as técnicas utilizadas pelo famoso criador da Apple em suas apresentações memoráveis.

Segundo o autor, há nove elementos importantes nas apresentações de Jobs: *headline* objetivo e parte da mensagem-chave que se quer transmitir, paixão pelo discurso, uso de três mensagens-chave, emprego de metáforas e analogias, disseminação do discurso para outras camadas, parcerias, testemunhos e uso de *clippings* e de recursos multimídia.

De todos eles, o que mais considero ao montar uma apresentação é o *headline*, ou manchete, aquilo que gostaria que virasse notícia e que os participantes realmente levassem consigo. E, para isso, procuro usar uma linguagem simples e contagiante.

Além disso, aprendi com esses autores algumas técnicas que tenho aplicado nas minhas apresentações: focar em poucas mensagens, ilustrar com exemplos reais, repetir e ensaiar até dominar o conteúdo sem o auxílio de anotações.

Também ajudou muito a minha preparação com a jornalista e consultora Olga Curado. Budista e faixa preta de aikidô, Olga ocupou cargos importantes em veículos como *TV Globo* e *Jornal do Brasil* e ficou conhecida por ter trabalhado com a então candidata, depois presidente, Dilma Rousseff.

Conheci Olga em dezembro de 2009, durante um *media training* para executivos da Nextel. Marcello Pimentel, responsável pela comunicação corporativa da empresa, pretendia oferecer um treinamento diferenciado que não se limitasse à relação com a imprensa, mas incluísse a interação com diversos públicos. Para isso, contratou uma profissional diferente. Ele me alertou que teríamos uma jornada atípica e nos recomendou que usássemos roupas confortáveis. Gostei da ideia.

Quando chegamos à sala onde aconteceria o treinamento, havia um tatame e uma senhora vestida com um quimono amarrado com uma faixa preta. Pensei comigo: "O que esta maluca está fazendo com esse traje?"

SERÁ QUE É POSSÍVEL?

Sem ao menos nos cumprimentar, Olga disse que havia o copo meio vazio, o meio cheio e o copo quebrado. Pegou duas taças de cristal e simplesmente as quebrou, chocando uma contra a outra. Olga nos mostrou técnicas de comunicação interpessoal preciosas. Ela se define como uma "desidratadora" de palavras. Diz que sempre queremos falar muito mais do que as pessoas podem e querem ouvir. Nossa mensagem tem de ser curta e concisa, além de estar fortalecida pelos sentimentos adequados.

No treinamento, Olga demonstrou que nossa postura exterior reflete o que estamos sentindo durante uma interlocução, seja com uma ou 100 pessoas. Daí a importância de definir os sentimentos que serão despertados em cada parte da apresentação e de transmiti-los por meio de pensamentos e imagens.

Por exemplo, quando iniciei a apresentação na convenção anual de vendas da Nextel, queria passar a sensação de celebração, pois os resultados tinham sido excepcionais no ano anterior. Assim, exibi a imagem de vários balões coloridos, desses usados em festas infantis. Quando falei desse tema e acessei esse sentimento pela imagem, a mensagem tornou-se poderosa.

Aprendi um pouco mais sobre a técnica do não dito e das microexpressões – técnica que ficou famosa na série norte-americana *Lie To Me*, protagonizada por um estudioso da expressão corporal. Se quiser transmitir felicidade, pense num momento feliz da sua vida. Se for superação, lembre-se de uma conquista sua.

Outra dica interessante veio da jornalista e empresária Joyce Pascowitch. Durante um almoço, conversávamos sobre a pouca eficácia das apresentações no ambiente corporativo. Ela disse que uma maneira de captar a atenção da plateia é encarar esse fato de frente. Assim, um apresentador poderia iniciar sua palestra dizendo: "Sei que a grande maioria das apresentações é chata e sonolenta, por isso me esforcei para que a minha não seja assim".

Essa abertura atrairia a atenção imediata do público e o estimularia a julgar a veracidade da afirmação. Desse modo, o palestrante teria mais chance de transmitir suas mensagens principais – claro, se realmente tiver se preparado para isso!

Mas se fosse preciso sintetizar em um parágrafo tudo o que aprendi, eu diria que antes de qualquer apresentação você deve pensar como sua audiência: qual seria a melhor forma de passar uma mensagem segundo as preferências e características do seu público? Se associar esse real entendimento do

SERÁ QUE É POSSÍVEL?

que importa para o outro à técnica de acessar corretamente o sentimento adequado a cada etapa, as chances de fazer bonito na próxima apresentação aumentam consideravelmente.

**VIVER NO FUTURO
AFASTA O PRESENTE**

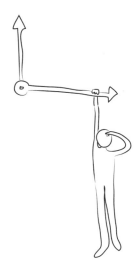

SERÁ QUE É POSSÍVEL?

Durante anos eu acreditei que adiantando o relógio teria mais tempo para chegar aos compromissos ou, quem sabe, antecipar-me a eles. Tinha esse vício, essa mania de adiantar meu relógio em dez, 15 ou 30 minutos. Queria estar à frente do tempo. Essa sensação de "vanguarda" me faz lembrar o quadro *A Persistência da Memória*, do pintor espanhol Salvador Dalí, em que os relógios se esvaem, parecem derreter.

Esse hábito, no entanto, era um "tiro no pé". Como sabia que meu relógio estava sempre adiantado, acabava adiando o término das reuniões e raramente chegava ao meu próximo compromisso no horário adequado.

Certo dia, minha terapeuta, a dra. Mônica Barros, fez um comentário que me deixou intrigado: "Sergio, seu relógio está sempre adiantado". Respondi, orgulhoso: "É verdade". Ela replicou: "Você precisa deixar de viver no futuro!"

Pego de surpresa, tive de admitir, mesmo que timidamente, que a dra. Mônica tinha razão. Comecei a vasculhar meus pensamentos e concluí que não era só o relógio que estava adiantado. Eu vivia com a cabeça no futuro. A "ficha caiu".

Se sua mente está sempre acelerada, antecipando o que pode acontecer e criando alternativas para uma situação futura, bem-vindo ao time! É por isso que tenho enorme dificuldade de realizar a meditação tradicional, focada na respiração.

Pensar no futuro é bom. Desenvolver planos e alternativas, também. Mas viver fazendo isso nos afasta do momento presente e pode trazer a sensação de estar perdendo alguma coisa, talvez a melhor parte.

Ainda pior é o efeito que essa aceleração causa no outro. Uma noite, jantando com minha esposa, ela comentou que eu era um péssimo ouvinte. Perguntei a razão. Sabiamente ela argumentou: "Você finge que ouve e se mantém calado, mas sua cabeça está em outro lugar".

Um colaborador me deu um *feedback* parecido. Ele entrou na minha sala falando de um problema. Eu olhava para ele e ao mesmo tempo respondia um e-mail. No final do monólogo, ele pediu desculpas por estar me incomodando. Disse que eu não demonstrava

SERÁ QUE É POSSÍVEL?

estar escutando sua questão. Mais tarde, ri do modo sofisticado que ele encontrou para me dizer: "Você não está nem aí comigo".

Aprendi e compartilho esta lição: se alguém se dirigir a você, preste atenção no que essa pessoa tem a dizer caso queira realmente interagir com ela. Você não é obrigado a ouvi-la, então seja honesto e diga que não está disponível naquele momento.

Para quem tem uma mente agitada como a minha, viver no presente não é fácil. Mas assumir essa dificuldade é o primeiro passo para resolver algo que não está bem. Tenho procurado vivenciar o presente mais vezes, concentrando minha mente e minha energia naquilo que estou fazendo a cada momento. Quando consigo, a vida fica muito mais saborosa, literalmente. É o que chamo de sabor do tempo.

Na hora das refeições, eu desafiava qualquer um a comer mais rápido do que eu. Minha rapidez era tão espantosa que tinha gente no prato principal e eu já estava no cafezinho. É claro que comia muito mais e sem apreciar o sabor dos alimentos.

Hoje, procuro seguir uma técnica que um colega de trabalho me ensinou. A cada garfada, coloco os talheres descansando no prato, e só depois de mastigar muito bem é que sigo para a próxima. Mais do que emagrecer, com esse método pude sentir melhor o sabor dos alimentos, suas texturas e cores, tornando minha refeição ainda mais prazerosa. Fiquei mais seletivo nas escolhas dos alimentos. Passei a dispensar alguns e incorporei outros. Fiz ótimas descobertas gastronômicas!

Estar de corpo e alma no presente não vale somente para as refeições, mas para qualquer atividade diária. Pode ser uma caminhada, sessão de cinema, leitura ou reunião. Estar de verdade presente, no aqui e agora, aumenta muito nossa possibilidade de desfrutar, contribuir e interagir.

No livro *O Poder da Cabala*, o rabino Yehuda Berg descreve o tempo como a distância entre a causa e o efeito. Segundo os cabalistas, o tempo pode causar destruição em nossas vidas, criando a ilusão de caos quando na verdade existe uma ordem oculta. Berg afirma que o passado, o presente e o futuro podem existir ao mesmo tempo.

Recentemente descobri que quem aprecia e vive de verdade o presente é mais feliz que a média dos seus pares. Estudos científicos descritos no interessante livro *The How of Happiness*, da psicóloga Sonja Lyubomirsky, detalham como as pessoas que não ficam ruminando o passado ou o futuro vivem

SERÁ QUE É POSSÍVEL?

melhor e são muito mais saudáveis, inclusive no plano físico. É difícil viver de acordo com esse preceito, ainda mais considerando o ritmo em que vivemos hoje: sempre correndo. Os e-mails que nunca terminam, as obrigações que se acumulam, as tarefas que se multiplicam... Mas estar no presente, mesmo nas ações menos prazerosas, contribui para que elas se tornem mais toleráveis.

Viver o agora confere a sensação de aproveitar melhor o maior presente que recebemos: a vida. E, como primeiro passo para deixar de viver no futuro, que tal acertar o relógio na hora certa?

SOBRE SAPOS E CHEFES

SERÁ QUE É POSSÍVEL?

Inseguro, arrogante, carreirista, matador, impaciente, indeciso. Não é nada fácil lidar com um chefe difícil. Mas, diante da pressão do mundo corporativo, as chances de você se deparar com um tipo assim são cada vez maiores. É bom estar preparado. Um chefe com essas características tem o poder de destruir o potencial, a alegria, a motivação e o engajamento dos seus colaboradores. Tive a oportunidade de acompanhar um executivo brilhante que conheci fora do Brasil, extremamente focado, criativo, cheio de boas ideias e capaz de executá-las com primor. Os resultados vinham e, com eles, as promoções. Teve uma ascensão meteórica. Rapidamente chegou à diretoria sênior de uma multinacional.

No entanto, a saída do chefe que o havia recrutado e a chegada de outro presidente trouxeram um obstáculo. Pela primeira vez ele tinha de conviver com um chefe difícil. Em vez de estimular e aproveitar o potencial desse executivo, o novo líder teimava em decidir tudo sozinho. Fazia questão de mostrar ao time quem mandava "de verdade". A relação desse executivo com seu chefe foi se deteriorando. Em pouco tempo, estavam batendo de frente. Mas o cargo e o salário eram bons, a empresa conhecida, ele gostava do trabalho e tinha esperança de que o mau momento fosse apenas uma fase que se resolveria magicamente.

Na vida corporativa, porém, os contos de fadas são raros. O final não foi nada feliz. A situação tornou-se insustentável e o presidente demitiu esse excelente profissional de forma inadequada e barulhenta. Depois do duro golpe, com direito a um trauma que o perseguiu por anos, esse executivo conseguiu dar a volta por cima. Suas competências brilharam mais. Ele reconstruiu sua carreira e hoje é um dos profissionais mais destacados da sua geração.

Também tive chefes difíceis na minha trajetória profissional e ao lidar com eles errei muito mais do que acertei. A maioria desses erros foi porque não procurei entender a razão do comportamento destrutivo dessas pessoas. Hoje entendo que a raiz desse comportamento era a insegurança em relação à própria competência para gerenciar um time, uma empresa, uma situação complexa.

SERÁ QUE É POSSÍVEL?

Como não percebia isso, eu errava na forma de interagir com esse chefe: combatia as ações dele com reações da mesma natureza. Se ele era arrogante, eu fazia cara de desprezo; se queria decidir tudo, eu levava problemas para ele, a toda hora, a ponto de deixá-lo esgotado. Para os indecisos, eu dirigia uma pressão constante por decisões. Eram atitudes infantis, eu sei, mas vejo muita "gente grande" com o mesmo *modus operandi*.

> *"TER RAIVA É COMO SEGURAR UM CARVÃO PELANDO E TER VONTADE DE JOGÁ-LO EM ALGUÉM: É VOCÊ QUE SENTE A QUEIMADURA."*
> Buda (Siddharta Gautama, 563 a.C. - 483 a.C.)

Ao combater fogo com fogo, gerava mais fogo e me queimava. Se ainda não tenho uma demissão no meu currículo, atribuo o fato aos meus resultados. Mas as atitudes infantis atrasaram boas promoções. Talvez pudesse ter chegado à presidência antes ou mudado menos de empresas.

A melhor maneira de lidar com a insegurança é dar segurança; no caso, demonstrar que você está comprometido com o sucesso do seu chefe. Isso não significa, de forma alguma, concordar com tudo o que ele diz. Aliás, vale a pena deixar esse ponto bem claro em uma conversa proativa, no momento certo. Os pontos de vista diferentes e discussões acontecerão, mas no final você respeitará a decisão da chefia e fará todo esforço de sua parte para implementá-la.

Lembre-se, contudo, de que, por mais confiança que se estabeleça após essa conversa, nem você nem ele mudarão da água para o vinho automaticamente. Situações difíceis e chefes difíceis continuarão cruzando seu caminho.

Outra conduta positiva é tentar entender o contexto do chefe e da atitude específica. Isso ajuda a administrar a raiva, a sensação de injustiça e a insatisfação que esses momentos despertam. Pensar nas pressões que o chefe sofre e nas dificuldades no relacionamento dele com o próprio chefe me ajudou a superar uma situação profissional muito complexa, causada em parte por um chefe difícil. Digo em parte porque, pensando bem, a gente tem sempre uma parcela de culpa.

Tente listar, em uma folha de papel, qual a situação do seu chefe e as possíveis explicações para a insegurança que ele sente: a pressão no trabalho e da família, problemas pessoais... Assim, você amplia sua visão e cria oportunidades para achar soluções que minimizem os efeitos nocivos da influência dele sobre você e seu time.

O que eu não recomendo é engolir os sentimentos ruins, os chamados "sapos", indefinidamente. Fazer isso é punir a si mesmo. A tendência é se tornar amargo e descontente consigo e com o mundo. Também não vale aplicar a máxima: "Não levo desaforo pra casa". Ainda mais com o chefe difícil. Isso abreviará sua temporada na empresa.

Refletir sobre a situação, entender as razões do chefe, estruturar sua opinião, cogitar ações, marcar uma conversa e estabelecer proativamente uma relação de confiança e apoio evita ansiedade e gastrite! Feito isso, se o clima continuar insalubre a ponto de você procurar o momento certo de cuspir de volta os sapos engolidos, restam duas saídas: conseguir sua transferência para outro departamento ou filial da empresa – bons resultados e *networking* interno contam muito – ou buscar uma oportunidade no mercado – de novo, resultados e *networking* aceleram a mudança.

Afinal, ter um chefe difícil pode até melhorar suas competências emocionais e técnicas, mas ter um chefe impossível atrapalha sempre (e muito!) seu desempenho e sua vida. O grande responsável por sua vida ser boa, divertida e com sentido é você mesmo. Então, caia fora! E se o chefe difícil for você? Já pensou nisso? Você pode estar perdendo muito e seu time, também. Um chefe difícil não tira o melhor de sua equipe e tende a ser solitário durante e principalmente após a carreira corporativa, quando até os puxa-sacos se afastam. Ter essa consciência pode estimular o chefe difícil a achar um equilíbrio mais adequado para seus comportamentos.

Mas que fique bem claro: longe de mim dizer que gestores devem ser bondosos, alegres ou cultivar uma atitude zen todo o tempo. São os resultados que sustentam o poder de um gestor e, sem eles, não há milagre – a trajetória corporativa é interrompida rapidamente.

QUAL É O SEU CLUBE?

Os líderes têm uma influência maior do que imaginam sobre a vida dos colaboradores, embora nem sempre se preocupem com isso. A história que vou contar a seguir pode iluminar essa percepção. Aconteceu entre um gerente e um colaborador de uma grande multinacional, vamos chamá-los de Roberto e Luís, respectivamente, para preservar seus nomes verdadeiros.

Roberto precisava fazer a avaliação de desempenho de Luís. Ao contrário do que costuma ocorrer, o gerente se preparou para esse momento, dedicando horas de sua agenda à tarefa. Refletiu sobre as contribuições de Luís e listou exemplos concretos das fortalezas do seu colaborador. Mas não parou por aí. Também fez a mesma coisa para as oportunidades de melhoria, balanceando suas conquistas e pontos fortes e onde poderia evoluir.

Luís ficou muito agradecido por ter recebido uma avaliação real e transparente, que tratava não

SERÁ QUE É POSSÍVEL?

só das suas virtudes mas também de como evoluir. Terminado o encontro, o colaborador sentia-se muito bem. Foi como se ele tivesse recebido uma injeção de motivação, energia e reconhecimento.

Naquele dia, no trajeto de volta para casa, Luís sentia-se extremamente alegre e bem-humorado. Ao chegar, ele e a esposa resolveram fazer um jantar especial. Luís contou sobre seu dia e, claro, passou um bom tempo falando da reunião especial e de como estava motivado. Conversa vai, conversa vem, o jantar terminou em algo mais.

E, naquela noite, o primeiro filho do casal foi gerado. Depois de dez anos, Luís ainda se lembra e confessa que sua reunião com Roberto, por incrível que pareça, foi um dos catalisadores desse momento inesquecível em que ele e a esposa criaram uma vida.

Para quem acredita, como eu, que o mundo e as pessoas estão conectadas – o princípio da interdependência do budismo – um enredo como esse não ocorre por acaso. Roberto teve um papel fundamental ao se dedicar àquela avaliação e transformá-la em oportunidade de crescimento para Luís, mobilizando energias tão positivas. De certa maneira, Roberto também foi responsável por gerar uma vida.

Esse episódio inspira uma reflexão interessante. Como líderes, a que clube queremos pertencer? O clube que gera incentivo, alegria e evolução ou ao clube mais obscuro, que pode gerar desmotivação, dúvidas ou até algo pior, como a depressão no trabalho? Como gestores temos pouca consciência da nossa força e presença na vida dos nossos colaboradores. Mas é fácil comprovar essa importância: quantas vezes você fala do seu próprio chefe e suas interações boas ou ruins com ele para sua família, no café da manhã, quando chega do trabalho e até nos finais de semana? E de como um evento positivo com seu chefe o deixa mais leve e entusiasmado e como fica desanimado quando as coisas não andam bem?

Pensar a que clube você quer pertencer antes de uma bronca, uma avaliação, um encontro, um discurso pode alterar muito a sua conduta e, claro, os resultados dela, tanto para seus colaboradores e familiares quanto para sua empresa.

QUANDO OS MONSTRINHOS APARECEM

Depois de tanta prática, esforço, instrumentos e técnicas, talvez você esteja pensando que atingi aquele patamar diferenciado dos que adquirem total domínio sobre seus sentimentos, pensamentos e ações, independentemente do que acontece à sua volta. Puro engano! Muitas vezes, ao longo do dia, os monstrinhos internos ainda voltam a atacar! E quem são eles? A raiva, a sensação de injustiça, a frustração por ser incompreendido, a vontade de abandonar o barco diante de um problema complexo em que a solução parece distante e tantas outras situações duras.

Eles aparecem quando você sabe que está sendo enrolado, quando as pessoas omitem informações ou simplesmente fingem ter entendido, concordado e se comprometido com uma alternativa discutida, e se materializam sob a forma de impaciência, ansiedade e cansaço. Ou quando a frustração se acumula e de repente sai com tudo, na forma de gritos e explosões.

SERÁ QUE É POSSÍVEL?

Fortalecido pelos bons resultados obtidos ao longo da minha carreira, meu ego ainda ganha mais vezes do que eu gostaria. Fazendo crer que eu estou sempre certo, fecha os canais para ouvir o outro, indo na contramão do que eu defendo. O desafio diário é colocar o propósito sempre na frente do ego.

Durante algum tempo procurei desesperadamente eliminar esses monstrinhos em uma guerra inútil e dolorida. Sim, dolorida, porque mesmo controlando meus sentimentos e as ações eu remoía o ocorrido, me culpando e me punindo por ter agido e sentido de forma diferente do que esperava. Com o tempo, descobri que é impossível viver sem eles. Por mais que eu tente, evolua, pratique, os monstrinhos continuam a dar o ar da graça.

O remédio para lidar com eles é, antes de tudo, reconhecê-los. Assim é possível se aproximar e procurar entender o que os despertou. Se for o caso, conversar com eles pode ser uma solução. Isso mesmo, conhecer e integrar seus monstrinhos à sua vida cotidiana pode ajudar, e muito.

Quando surge, por exemplo, um monstrinho com o sobrenome frustração, procuro falar com ele como se fosse um amigo conhecido. Pergunto o que foi que o acordou e demonstro bom humor: "Você, de novo? Quanto tempo!" E, por meio de respirações profundas, ganho segundos preciosos antes de esse monstrinho entrar em ação.

É incrível a sensação de satisfação quando essas feras são domadas, depois de uma conversa e o convite gentil para que se retirem.

> *"PERCA O REMO, MAS NÃO PERCA O RUMO."*
> Robert Scheidt, iatista e campeão olímpico

Mas, quando não consigo impedi-los, as consequências não são nada boas. Já comprovei inúmeras vezes o estrago feito por mim em reuniões, conversas e discussões, sempre que eles, os monstrinhos, chegam com uma velocidade tão grande que em segundos se materializam em ações. Nessas horas, a saída é reparar os danos, ou seja, reconhecer o erro e pedir desculpas. Fazendo isso, você não apaga o que fez, mas pode diluir os efeitos de uma atitude errada, o que é bom!

O maior avanço, no entanto, foi aprender a não me punir nem me remoer pelos erros cometidos ao ter sido derrotado pelos meus monstrinhos internos.

SERÁ QUE É POSSÍVEL?

Aprendi a ser mais gentil comigo mesmo e a investir a energia que seria desperdiçada pela culpa em ações mais produtivas. Como me disse um amigo, o monge zen-budista Gustavo Pinto, durante um almoço: "O que você precisa fazer é chamar sua mente para dançar". Aprofundar o autoconhecimento também ajuda a detectar e a vencer os monstrinhos internos, impedindo que o ego dê as cartas. Por isso, decidi fazer psicoterapia. Logo descartei a psicanálise. Não poderia ser uma linha que trabalhasse no verbal. Teria de encontrar um método que me desafiasse a funcionar de modo completamente diferente.

O RETRATO DA ALMA

SERÁ QUE É POSSÍVEL?

> *"A ARTE TORNA VISÍVEL O INVISÍVEL."*
> Paul Klee, pintor e poeta alemão

Querendo aprofundar a minha busca por autoconhecimento, encontrei a dra. Mônica Barros, que utiliza técnicas terapêuticas baseadas na antrosofia e na areté. Quando ela me propôs pintar meu autorretrato como etapa do meu desenvolvimento, fiquei muito animado.

Tinha lido *A Whole New Mind*, de Daniel H. Pink, um dos meus autores preferidos, e num dos capítulos ele explicou que fazer o autorretrato é um ótimo exercício para estimular o lado direito do cérebro, responsável por competências preciosas para o executivo, como criatividade, fantasia, curiosidade e intuição.

Imediatamente imaginei que meu autorretrato seria um troféu a ser exibido na minha sala, quase um diploma a certificar que eu já possuía essas competências tão valiosas! Segundo a dra. Mônica Barros, no processo terapêutico, realizar um autorretrato conduz a pessoa a um confronto consigo mesma por meio de dois procedimentos: o reconhecimento de sua face no espelho a cada semana, onde se observam mudanças sutis a cada sessão, e a técnica utilizada, no caso o carvão, material bastante primitivo e plástico que produz efeitos interessantes de luz e sombra que favorecem *insights* potentes. Esse embate favorece o autoconhecimento e a consequente superação dos medos e traumas que surgem nesse processo. Ao mesmo tempo, descobre-se o potencial criativo singular de cada um.

Comigo, o que aconteceu foi muito além do que eu esperava! Primeiro, a tarefa se revelou bem mais difícil do que parecia, ainda mais para alguém que desde pequeno jamais demonstrara talento para trabalhos artísticos. Depois de três seções, a animação cedeu lugar ao desânimo. Não conseguia desenhar o formato correto do meu rosto. Desconcertado, eu me sentia cada vez mais distante do meu querido troféu. Quando finalmente parei de pensar no troféu e passei a focar no processo, as coisas começaram a melhorar. Aprendi que focar no processo significa

SERÁ QUE É POSSÍVEL?

observar *como* eu lido com a realidade e com os desafios que se apresentam a mim.

Fui, então, me concentrando nas partes: o formato do rosto, o cabelo, a testa, as orelhas e só depois os olhos e a boca. Descobri, então, detalhes desconhecidos em mim. Desde sobrancelhas com angulações distintas até um sinal abaixo do olho direito! Somos bem diferentes do que supomos!

Usando o carvão e os dedos, pude comprovar, na prática, as afirmações da dra. Mônica. Reparei no meu lado sombra, suas áreas e sentimentos sombrios. Todo mundo tem um lado assim e a melhor maneira de conviver com ele e gerenciá-lo é integrá-lo à sua vida, admitindo sua existência. Afinal, a sombra só existe em função da luz. Também havia coisas boas e potenciais inexplorados dentro de mim.

Conforme o trabalho foi prosseguindo e esses *insights* aparecendo com minhas feições, minha animação voltou! O que era um martírio virou diversão e prazer. Identificar cada detalhe novo e integrá-lo à minha pessoa para torná-la mais completa e verdadeira passou a ser um objetivo cumprido com alegria.

Quando finalmente terminei o autorretrato, a sensação predominante foi de missão cumprida. A caminhada havia sido dura, mas valiosa pelo que proporcionou de autoconhecimento. O desenho ficou parecido, não idêntico a mim, mas pouco importava! O essencial era que parte da minha alma havia sido reconhecida e retratada.

O próximo desafio era produzir meu busto em argila. Esse exercício tem o objetivo de fazer a gente se confrontar com as dificuldades de realizar algo tridimensional, modelando a argila da maneira mais realista possível e lidando com a resistência imposta pelas forças inerentes à matéria, tais como peso, leveza, expansão e contração. Nesse exercício, também observa-se o *como* se faz: *como* eu construo minhas obras, meus sonhos.

Para variar, minhas decepções e sofrimentos acabaram com a animação inicial. Não surgia nada parecido a um perfil humano. Lembrava mais um ovo de avestruz! Já estava suado de tanto colocar argila quando minha cabeça de argila despencou e rolou, toda amassada. A cabeça ficou pesada demais para um pescoço pequenininho. Foi um banho de frustração!

Paramos, então, para analisar o que estava acontecendo. Percebi que às vezes ficamos tão preocupados em inserir informações e pensamentos na nossa cabeça que ela fica poluída, pesada, a ponto de despencar, pois perdemos o equilíbrio. A solução para

SERÁ QUE É POSSÍVEL?

deixá-la mais leve e equilibrada foi literalmente abri-la na parte superior e retirar um bocado de argila. Às vezes, para equilibrar, vale mais desconstruir e retirar do que acumular.

Cabeça em pé e *insight* compreendido, passei para as feições. Segundo a dra. Mônica, esses perfis traduzem retratos marcantes da nossa biografia, personagens que influem na nossa maneira de agir, figuras que queremos atingir.

O primeiro rosto que surgiu era redondo e bochechudo. A pele lisinha pela argila molhada dava a impressão de jovialidade. O sorriso contido transmitia segurança. Parecia uma daquelas estátuas de Buda vendidas em lojas de decoração. Logo compreendi o sentido. Mais do que a figura em si, quero muito conquistar o que ela representa: equilíbrio, serenidade, sabedoria, leveza e felicidade. Era uma mensagem de reforço pela minha batalha em ser uma pessoa melhor.

Mas ainda não era a minha cara. Para deixar o rosto alongado, ataquei a argila com gosto, furiosamente. E ela respondeu da mesma forma. A argila devolve o que você faz com ela. Ao retirar as bochechas, coloquei tanta força nos dedos que as marcas profundas se revelaram na minha face. Que decepção!

Mais uma vez tinha ido pelo caminho errado. Devia focar no processo, não no resultado.
Aprendi a ser mais gentil com a argila e comigo mesmo. Eu continuaria evoluindo, sem cobrar tanta perfeição, realizando movimentos leves e generosos. Assim haveria menos espaço para a angústia e mais para o prazer. Levo essa lição comigo e já começo a colher frutos.
Trabalhando com mais calma, a segunda figura surgiu. Tinha um sorriso matreiro e um brilho nos olhos, mesmo sendo de argila. Era um Pelezinho! Passamos um bom tempo discutindo por que ele fazia parte do retrato da minha alma. Talvez pela minha ligação com o futebol. Pode ser uma alusão aos meus tempos de jogador, à minha vontade de competir, ou à visão de que o talento, por maior que seja, brilha mais quando moldado com disciplina, entrega e foco.
    O trabalho para concluir meu busto já não parecia uma tortura. Pelo contrário, queria agregar mais detalhes àquele rosto, por menores que fossem. E assim surgiu a terceira figura, a de um velho.
    Parecia um contrassenso para quem sempre se sentiu jovial. Entendi, porém, que a velhice era uma busca. Não no que se refere à idade, mas à vontade de acumular experiências e compartilhá-las.

SERÁ QUE É POSSÍVEL?

Estava quase obcecado por retratar minhas rugas e linhas de expressão, como um guerreiro se orgulha das suas cicatrizes. Não pelas dores que elas representavam, mas pela memória das batalhas vividas. Não valia a pena gastar energia tentando apagá-las. Minha alma me dizia para exibi-las com orgulho, consciente das derrotas e vitórias e disposto a encarar a próxima luta.

Passados nove meses, finalmente terminei a escultura. Foi um processo vivenciado com afinco, dor e generosidade. Mais do que um troféu ou uma cópia perfeita de mim, aquele busto trouxe a consciência das lições aprendidas.

AS TRÊS GRAÇAS DIÁRIAS

SERÁ QUE É POSSÍVEL?

Um homem sonhou por anos em ter uma biblioteca na sua casa. Até que sua esposa tomou a iniciativa de construí-la. Pediu empréstimo ao banco, contratou os pedreiros e cuidou de toda burocracia para a aprovação do projeto na prefeitura da cidade. Meio angustiado, ele confessou que, apesar de o cômodo estar quase pronto, ainda não havia agradecido à esposa pelo presente que estava prestes a receber.

Marshall Goldsmith, que narra essa passagem no livro *Reinventando o seu Próprio Sucesso*, perguntou a esse homem por que ele ainda não havia agradecido. Seu cliente respondeu que o faria quando tudo estivesse pronto. Então Goldsmith lhe fez uma pergunta direta: "Você acha que ela não vai gostar se você a agradecer duas vezes?"

No ritmo acelerado da vida, muitas vezes nos esquecemos de agradecer. Segundo Goldsmith, jamais agradecer é um dos 20 hábitos que impedem o executivo de chegar ao topo. Para ele, as duas palavras mais doces são "muito obrigado".

Refletindo sobre o episódio do seu cliente, que estava à espera de uma oportunidade melhor e maior (a conclusão da biblioteca) para agradecer os esforços da esposa, Goldsmith concluiu que, para esse homem, o agradecimento é como um vinho bordeaux, que só pode ser servido em ocasiões especiais.

No meu caso, aprender a agradecer sempre, e não apenas em ocasiões especiais, está muito mais do que contribuindo para a minha evolução profissional. Está mudando a minha vida! Descobri a importância do agradecimento em uma conversa com Didier Marlier, aquele consultor que virou amigo. Ele me falou sobre a psicologia positiva, fundada pelo renomado psicólogo Martin Seligman, professor da Universidade da Pensilvânia, nos Estados Unidos.

Seligman defende que para ter uma vida melhor é importante agradecer sempre, registrando ao menos três bênçãos por dia. Essa prática diária tem efeito terapêutico, tanto que essa metodologia tem sido usada com sucesso no tratamento de pacientes com depressão.

No dia 20 de outubro de 2009, comecei a registrar as minhas três bênçãos diárias. Criei uma pasta

SERÁ QUE É POSSÍVEL?

no aplicativo *notes* do meu *smartphone* para facilitar. Hoje tenho mais de mil graças arquivadas. Desde então, muita coisa mudou. Se alguém me pergunta como estou ou como está meu ano, minha resposta é sempre a mesma: "vai tudo bem!" Até porque, se tenho mil bênçãos registradas, não poderia ser diferente.

Analisando o registro dessas graças, fiz outras descobertas interessantes. No começo, todas as bênçãos registradas tinham a ver exclusivamente comigo: um elogio recebido, um aumento no salário, uma entrevista na imprensa, enfim, qualquer conquista profissional ocorrida naqueles dias.

Com o passar do tempo, os registros foram se modificando. Comecei a incluir temas mais pessoais e envolver meus familiares e amigos: meu filho foi bem na prova, minha esposa melhorou de uma gripe, um grande amigo resolveu uma dificuldade... tudo isso é motivo para agradecer.

Com o passar do tempo, o escopo para achar bênçãos aumentou, incluindo ter presenciado um momento engraçado, ter feito uma boa refeição, um gol do meu filho no futebol, um filme interessante ou uma leitura inspiradora. Mas não parou por aí!

Atualmente estou ficando treinado em reconhecer cada vez mais bênçãos no cotidiano: um lindo dia de sol, ausência de trânsito na ida ao trabalho, o avião que decola no horário, um pôr do sol magnífico, uma boa soneca no fim de semana, tomar sorvete com minha esposa e filho ou até um momento feliz vivido por alguém que conheço no trabalho ou fora dele. Tudo vira motivo de agradecimento. Por vezes, até uma situação delicada, um desafio profissional complexo, uma lição aprendida.

Quando comecei a fazer o registro dessas três graças diárias, não era fácil encontrá-las. Rastreava o meu dia todinho e tinha enorme dificuldade em reconhecer fatos, momentos e acontecimentos como bênçãos. Com a prática, a mente vai aprendendo a reconhecer e agradecer. É uma questão de treino. E a sensação de ser uma pessoa abençoada, além de dar um lustre na autoestima, proporciona uma leveza sublime.

Para quem está de baixo-astral, enfrentando sérios problemas, ou mesmo quem está bem e pretende se tornar uma pessoa melhor, mais agradecida pelo presente que é viver, registrar as três bênçãos diárias é um meio fascinante de transformação pessoal.

SORRIA, VOCÊ NÃO ESTÁ SENDO FILMADO

SERGIO CHAIA

Essa história me foi contada por Ken, um nigeriano muito simpático e de bem com a vida, radicado nos Estados Unidos, que sempre me busca no aeroporto quando viajo a Washington, sede da Nextel. Ele jura que é verdadeira!

Havia um homem muito rico, mas tão sovina e egoísta que fez a esposa prometer que, no dia em que ele morresse, ela colocaria no caixão, junto com ele, todo seu dinheiro. E, para garantir que seu desejo fosse cumprido, ele a obrigou a assinar um documento. A esposa protestou, mas acabou cedendo e assinando.

Eis que o homem morreu. Era chegada a hora de cumprir o trato conforme o documento assinado. Então a esposa levantou toda a fortuna que ele havia acumulado durante a vida e fez um cheque, com fundos, no valor. Cumpriu a promessa. Ken só não soube dizer se o sovina conseguiu descontá-lo em alguma agência bancária da outra dimensão.

SERÁ QUE É POSSÍVEL?

Quando vou a Barcelona, eu costumo encontrar Juanito, dono do bar Pintoxo (que significa "Pinóquio", em catalão), no Mercado de La Boqueria. Parada obrigatória para quem quer comer bem e pagar pouco, o bar figura como atração turística em praticamente todos os guias da cidade. Sua fama correu o mundo e já foi elogiado por Ferran Adrià, o chef mais famoso do planeta que, inclusive, escreveu o prefácio do livro de receitas de Juanito.

Uma das minhas visitas ao bar, em 31 de dezembro de 2010, foi marcante. Por volta das 5 horas da tarde, encontrei Juanito trabalhando, sorridente, como sempre. Como toda comida já tinha acabado, tomamos um café tirado com a maior satisfação por ele, que além de atender os fregueses ainda arrumava tempo para encher os açucareiros e brincar com meu filho. Toda vez que visito o Pintoxo é a mesma coisa. Juanito sempre trabalha muito e se diverte com tudo e com todos ao seu redor.

Lendas à parte, as duas narrativas estimulam um questionamento importante: para quem estamos vivendo? A quem estamos servindo? Será que diante da "missão" de acumular não estamos nos esquecendo de compartilhar, não somente os recursos, mas principalmente bons momentos com as pessoas da nossa

convivência? E olha que bons momentos, na maioria das vezes, custam nada ou quase nada!
 Eu mesmo já fui envolvido pela avalanche de trabalho, pela necessidade de crescer e mostrar resultados. Muitas vezes, estava tão rabugento e focado nisso que a vida boa ia passando e eu ficando à margem dela, perdido nas minhas intenções de acumular mais e mais.
 Foi então que eu comecei a aplicar uma técnica muito simples: o teste da risada. A cada dia procurava anotar quantas risadas, daquelas gostosas, havia dado. O resultado foi desesperador! Durante vários dias, talvez semanas, não havia dado uma única boa risada. Isso mesmo! Nenhuma boa risada! Fiquei surpreso, considerando por que isso estava acontecendo. Estava apático, desmotivado, enfermo? Não! Eu simplesmente havia desperdiçado muitas oportunidades de extravasar e desfrutar bons momentos naquele período. Péssimo!
 Uma boa risada relaxa, espanta o mau humor, estreita os laços sociais, traz alegria de viver. Por que não aproveitamos mais esse recurso? Utilizar o teste da risada pode ser um bom começo para uma atitude mais aberta. Rir dos acontecimentos e de si mesmo é uma boa saída para o estresse. E, no final de cada

SERÁ QUE É POSSÍVEL?

dia, recordar quantas risadas demos colabora para uma vida mais harmoniosa e feliz. Conforme fui monitorando minha performance, senti a necessidade de rir mais vezes. Assim, comecei com o objetivo de ter pelo menos uma boa risada a cada dia. Parece pouco, mas ter 365 ótimos momentos no ano, e de graça! Puxa vida! Com o tempo e a prática, comecei a descobrir oportunidades antes desconhecidas de dar risada, inclusive situações que tinham tudo para ser constrangedoras. Quer ver?

Fui fazer uma apresentação sobre liderança num importante congresso de recursos humanos, no Rio de Janeiro. Preparei-me bastante, caprichei na apresentação e cheguei no dia anterior para descansar, já que o compromisso era pela manhã, bem cedo.

No banho, ao abrir o sabonete, usei meu dente para rasgar a embalagem. O pior aconteceu! A restauração de um dente quebrado na infância caiu e fiquei meio desdentado, pouco antes da apresentação. Nada poderia ser feito para reparar o acidente, somente uma visita ao dentista.

Resolvi dar risada de mim mesmo na frente de uma plateia de mais de 500 pessoas. Uma boa ilustração da tese da risada, ao vivo e em cores! Consegui quebrar o gelo do constrangimento que sentia por isso e foi um dos momentos mais marcantes da apresentação. A audiência não só gostou da transparência, como riu comigo.

Alguns anos depois, voltei para palestrar no evento e me lembrei do ocorrido, o que foi motivo de risos outra vez.

No livro *The How of Hapiness* de Sonja Lyubomirsky, encontrei estudos que comprovam o incremento que uma boa dose de risada pode acrescentar à felicidade. Sonja vai além e demonstra que o simples ato de simular um sorriso afeta positivamente o humor das pessoas, como mostra um estudo muito comentado em cursos introdutórios em psicologia. Nesse estudo, os participantes foram divididos em dois grupos: apenas o primeiro recebeu uma caneta que força os músculos faciais a simular um sorriso para ser colocada entre os dentes. Os participantes foram instruídos a assistir a desenhos animados da série *Far Side* e a julgar quão engraçados eles eram. Os participantes com os músculos faciais manipulados para exibir um sorriso acharam os desenhos mais engraçados do que os pertencentes ao grupo sem o "simulador de sorriso".

Claro, os efeitos da simulação de um sorriso são moderados e pouco duradouros. Mas esse estudo

SERÁ QUE É POSSÍVEL?

e muitos outros comprovam que, se até um sorriso forçado pode fazer uma pessoa mais feliz, imagine uma risada verdadeira, daquelas de sacudir a vida por fora e por dentro!

Rir mais, ao contrário do que imaginava, deixou-me mais produtivo profissionalmente, mais leve e mais apto a enxergar as verdadeiras oportunidades que a sisudez, muitas vezes, afastava.

ACEITAR, ESTRUTURAR, OFERTAR, DESAPEGAR

SERÁ QUE É POSSÍVEL?

Existe um ditado que diz: "Você é o que pensa". A versão corporativa mais cruel é: "Você é o que pensam de você". Por isso, cuidar da imagem é fundamental. Infelizmente, às vezes não damos a verdadeira relevância a isso.

O que vou relatar aqui aconteceu comigo, numa das empresas em que trabalhei, mas vou preservar nomes e omitir detalhes para não expor os envolvidos.

Estávamos numa reunião de executivos, quando foi apresentada a avaliação de um dos gerentes. Para minha surpresa, o resultado era um dos mais baixos da empresa. Foi difícil acreditar. Aquele gerente era correto e dedicado e eu conhecia bem sua equipe. Tinham performances acima da média, mas seus pares e colaboradores não refletiram isso na sua avaliação.

Passados o susto e o desconforto, chamei o gerente para uma conversa. Naquele momento, sabia que tinha de ser leal à empresa e a ele também, pois era um ser humano íntegro. Comecei falando que sabia do resultado de sua avaliação e que tinha certeza de que ele faria o possível para mudar esse cenário. Ele confessou que ficara surpreso com a avaliação feita pelos subordinados. O restante, ele esperava. Contou que aquele ano tinha sido muito difícil, com algumas perdas emocionais, além da mudança de chefe.

Lembrei que eu vivera situação semelhante no passado, mesmo quando minhas entregas haviam sido muito acima da média. Eu havia sacrificado muito meu contato com a equipe e principalmente os pares, deixando margem para outras interpretações.

Então contei minha história, o quanto havia sido difícil aceitar tudo aquilo, e revelei que o meu pulo do gato foi mudar radicalmente a situação. Fiz um plano de ação, consultei alguns executivos e gerentes seniores, pedi mais *feedback* e corri com o peito aberto em direção aos meus pares e subordinados. Deu muito trabalho, mas consegui virar a página. E a comprovação disso veio na avaliação seguinte, muito positiva em todos os aspectos.

Porém, teria sido mais fácil se eu tivesse conhecido antes os quatro preceitos budistas que dividi com ele durante nossa conversa, fundamentais para sua tomada de decisão. Quem me passou esses

SERÁ QUE É POSSÍVEL?

ensinamentos foi a amiga Olga Curado durante um *media training* para lidar com situações difíceis.

O primeiro se refere a aceitar a situação, não no sentido de concordar ou se submeter a ela. Para os budistas, aceitar e acolher constitui o primeiro passo para a mudança. Encarar de peito aberto, sem julgamentos e sem querer encontrar a razão para aquilo tudo.

O segundo preceito é estruturar o que deve ser feito. Entender o impacto das ações e ter a consciência do que está acontecendo para elaborar sua resposta, sua atitude, sua resolução perante o fato. Esse momento é crucial.

O terceiro é ofertar, ou seja, entregar sua decisão com força e inteligência, usando a doação verdadeira como protagonista dessa situação. Ofertar não significa se submeter nem usar de agressão.

O quarto e último movimento é destruir. Mas cuidado com esse termo! Aqui significa deixar o passado para trás, não se culpar pelo que aconteceu nem ficar remoendo suas falhas e as dos outros. Focar no presente, nos aprendizados, e se preparar para um novo momento, que certamente virá depois. É assim que nos tornamos mais senhores da situação: liderando nossa proposta para resolver um problema.

A conversa produziu efeito. O gerente conseguiu estruturar um plano de ação usando os quatro movimentos e reconquistou a confiança de seus pares, subordinados e chefe. Hoje, pelo que sei, ocupa um excelente cargo em outra empresa.

Tenho aplicado os quatro preceitos em questões espinhosas, tanto no plano profissional quanto pessoal. Eles têm proporcionado uma noção mais clara do que fazer nessas circunstâncias.

Se aconteceu comigo e com o gerente pode acontecer com você. Tenho certeza de que isso nos fez mais fortes e preparados para entender melhor as oportunidades que aparecem em nossas vidas, disfarçadas de problemas.

OS PRATOS DO EQUILIBRISTA

Houve um tempo em que eu até me esforcei para separar o trabalho da vida pessoal. A sensação ao sair da empresa era a de mudar o rádio de estação. Os problemas do trabalho ficavam para trás. A partir daquele instante eu focava na família e no lazer. No dia seguinte, ao me dirigir ao escritório, fazia o movimento inverso. Punha na estação do trabalho e deixava a família e o lazer fora do foco. O efeito dessa separação era uma eterna sensação de culpa, como se ficasse devendo nas duas frentes. Havia sempre tarefas em aberto.

Agir como um personagem diferente em casa e no trabalho contribui para que você não esteja pleno nas suas dimensões e, em consequência, não esteja pleno na sua vida. E olha que ainda não acrescentei a terceira dimensão, nem sempre lembrada, a espiritual: desenvolver seu espírito, independentemente da sua religião, contribui para ser um

SERÁ QUE É POSSÍVEL?

executivo melhor, um pai melhor, um filho melhor, um marido melhor.

No final de cada ano, faço uma avaliação: se eu tiver exemplos de boas ações realizadas nessas três dimensões da vida, posso dizer que foi um ano bom. Já que não vale a pena separar, o que fazer, então, para integrar? Talvez o mais importante seja não ter medo da integração. Assim, se eu tiver de sair da empresa às 17h30 para ir ao cinema com minha esposa, se não tiver outro compromisso, vou sem a menor sensação de culpa. Da mesma forma, se tiver de trabalhar no fim de semana ou até mais tarde, também não vou me culpar por isso.

Em momentos de lazer é possível ter *insights* e discussões sobre o plano profissional. Nas viagens a passeio, posso visitar uma loja de telefonia, olhar aparelhos e observar as campanhas publicitárias sem me sentir escravo do trabalho por isso. É simplesmente impossível ver e não se interessar.

Por outro lado, nas viagens a trabalho, abro espaço para assistir a um jogo de basquete da NBA, caminhar no parque, ir ao cinema e comprar um presente para minha esposa entre o almoço e o *coffee break*. Às vezes, dispenso o jantar para correr. Posso estar em Washington, Madri ou Barcelona a trabalho, mas também me divertindo, e essas coisas se retroalimentam. Marco cinema com minha esposa, compro ingresso e enquanto estou esperando por ela leio alguns e-mails, leio ou escrevo uma apresentação. Depois, nós dois aproveitamos o filme. No sábado, levo o meu filho para a escolinha de futebol, às 8 horas. Enquanto ele está aquecendo, respondo à e-mails. Durante o jogo, sou o pai participante. Grito, vibro com os gols. Vivencio esses momentos integralmente.

 Viajo muito com a família. Enquanto minha esposa vai ver algo com meu filho, em dez minutos confiro os e-mails. Se ficar uma semana sem olhar, a caixa de entrada explode. Respondo os urgentes e apago o que não interessa. Tudo resolvido, encerro o "expediente" e vou curtir com a família.

 Antes era possível ficar isolado, não receber e-mail nem atender ao telefone em viagens. Hoje, não dá mais. O profissional fica menos competitivo e sua liquidez no mercado pode cair. Não estar conectado pode ser interpretado como não estar engajado.

 Ou seja: o equilíbrio, mesmo, de todas as esferas da vida não existe. Apesar de buscá-lo, por meio da meditação e de outras técnicas, não é um destino alcançável. O mais importante é a viagem.

SERÁ QUE É POSSÍVEL?

Gosto da imagem do equilibrista de pratos. Todos precisam estar rodando. Do contrário, eles caem e quebram. Na vida é a mesma coisa. Se o pratinho da vida pessoal está devagar, vou lá e dou uma girada. Invento um passeio-surpresa no final de semana, levo minha esposa para jantar, compro um presente.

O prato da vida profissional perdeu a força? Faço um novo curso, leio um livro, candidato-me a um projeto novo na empresa, chamo o chefe para almoçar e pergunto o que mais posso fazer.

O pratinho da vida espiritual anda devagar? Posso ir à igreja, ler um livro de filosofia, fazer um retiro, uma ação voluntária, uma doação ou caridade, algo de bom para alguém. Só a convicção de que preciso dar uma girada naquele pratinho já mobiliza uma energia positiva.

Vejo muita gente girando apenas dois ou só um pratinho. Então os demais vão rodando cada vez mais fraco até cair e quebrar. Mais tarde, pode ser difícil consertar. Não dá pra ficar amigo do filho só depois da aposentadoria.

Vale a pena se perguntar sempre: que pratinho está rodando menos e precisa de um investimento para voltar a rodopiar com todo vigor?

SUCESSO E RESULTADO NÃO COMBINAM

SERÁ QUE É POSSÍVEL?

Por sete vezes consecutivas a Nextel foi eleita uma das 150 melhores empresas para trabalhar pelo *Guia Você S.A./Exame* e por cinco vezes consecutivas a melhor empresa em gestão de pessoas pelo *Valor Econômico*. Pode-se dizer, então, que a Nextel é uma empresa de sucesso.

Mas não me deixo iludir. Várias empresas de sucesso no passado desapareceram. É o caso da Polaroid, do Mappin, da Pan-Am e da Varig. Até a GM quase quebrou. Também grandes ídolos de outros tempos (cantores, atletas, políticos) caíram no esquecimento e chegam a enfrentar privações materiais no final da vida.

Uma lição valiosa que aprendi é que sucesso e resultado não combinam. Ao contrário, formam um coquetel explosivo. Bons resultados trazem reconhecimento e também, em muitos casos, sucesso. Mas o inverso, em geral, não acontece. Envaidecido pelos prêmios e títulos, a tendência de "quem chegou lá" é repetir fórmulas conhecidas, comprometendo as possibilidades de gerar novos resultados e reduzindo as chances de prolongar o sucesso. Isso vale para empresas e empresários (gestores, coordenadores, presidentes e outros líderes) e também para artistas, atletas, políticos e religiosos.

O sucesso supre o desejo que o ser humano tem de reconhecimento – seja por parte de fãs, do mercado, da mídia, dos colaboradores da empresa. Elogios não faltam: "Você é demais!", "Você é incrível". As pessoas o requisitam o tempo todo. Querem tirar foto ao seu lado, pedem sua opinião sobre temas diversos, valorizam seus conselhos. A tendência é usufruir do benefício e se agarrar ao sucesso. O risco é se deixar contaminar por ele, pela valorização que traz ao ego.

Atrelado ao sucesso, você corre o risco de fazer tudo por ele. Mas pode perder o foco no que produz, alimenta e pereniza o sucesso: os resultados. Para alcançá-los, é preciso estar em evolução contínua, focado na mudança e na impermanência do mercado e do público. Ambos estão sempre em movimento e esperam cada vez mais de você. As tendências são dinâmicas. O que se valoriza hoje não é valorizado

SERÁ QUE É POSSÍVEL?

amanhã. Então, fazendo o que sempre fez, essas expectativas não serão atendidas. Assim, pessoas e empresas de alta visibilidade ficam perdidas sem saber o que fazer com o sucesso e não raramente acabam drenadas por ele.

"NÃO ABUSE DO PODER, SENÃO ELE PODE ABUSAR DE VOCÊ!"
Lucas, meu filho de 10 anos, nas Ilhas Turks and Caicos, enquanto discutíamos os temas para este livro

Logo, se quiser perpetuar o sucesso, ele deve ser combatido, quase renegado. Você e sua equipe têm de lembrar, o tempo todo, que o sucesso é transitório. E, mais do que isso, é fundamental não se apegar a ele.

Muitas vezes, a gente se esquece e surfa no conforto e na arrogância que o sucesso pode trazer. Foi o que aconteceu comigo no ano de 2007. Nossa empresa estava crescendo, os resultados eram excelentes, a satisfação dos clientes e colaboradores estava nas alturas. Empolgados e seduzidos pelos números saudáveis, decidimos precificar por mais R$ 15 um diferencial relevante dos nossos planos de serviços.

Fizemos várias pesquisas perguntando aos nossos clientes quanto eles pagariam por esse diferencial (que era gratuito). As respostas variaram entre R$ 20 e R$ 25, dependendo da região. Animados, decidimos cobrar R$ 15, um valor inferior mas com potencial de receitas muito atraente. Foi um fracasso total e recebemos uma enxurrada de reclamações. Os clientes diziam que só estávamos focados no aumento da receita, sem nenhuma contrapartida adicional. Resultado: os índices de satisfação e de vendas despencaram.

Felizmente, percebemos nosso erro rapidamente e voltamos a trabalhar com os planos de serviço anteriores, que não cobravam essa taxa. Os clientes, felizes com o nosso reconhecimento, retornaram aos seus padrões de compra e indicação habituais. Foi uma correria e uma lição valiosa!

Um dos pilares da filosofia budista diz que a raiz do sofrimento é o apego. Quanto mais apego, mais sofrimento. Quem é muito apegado ao sucesso sofrerá proporcionalmente quando perdê-lo. Sendo assim, quem renegar o sucesso e focar nos resultados mais chances terá de continuar com ele.

E qual é a maneira de exponenciar esse sucesso? Quando a visibilidade e a notoriedade alcançadas por meio dele são direcionadas a um propósito, uma

SERÁ QUE É POSSÍVEL?

causa, uma missão. Isso vale para empresas, artistas e grandes líderes.

Há vários exemplos de pessoas que perenizaram seu sucesso ao tomarem essa atitude. Raí, um ótimo jogador de futebol, destaca-se hoje pelo seu trabalho na Fundação Gol de Letra. Tornou-se embaixador da Educação. Bono, líder da banda irlandesa U2, defende causas ambientais, educacionais e sociais na África e na Ásia. A empresa inglesa Body Shop foi pioneira no ativismo da economia sustentável e cresceu atrelada a essa bandeira.

Quando o sucesso se conecta a uma causa, ele se amplia. A pessoa deixa de ser reconhecida só pelos resultados alcançados em sua profissão e começa a entregar o verdadeiro legado ao mundo. Há uma frase interessante que diz: "Só morremos de verdade quando a última pessoa que conhecemos no mundo se esquece da gente e das coisas que fizemos".

O que faz persistir o sucesso é a causa, o propósito, que tem a ver com o outro, não com você. Usando o sucesso em prol de uma missão, posso fazer do mundo um lugar melhor e assim me tornar um ser humano melhor.

O VALOR DE UM PROPÓSITO

SERÁ QUE É POSSÍVEL?

Encontrar alguém com verdadeira paixão por seu propósito pode mudar a perspectiva de vida de uma pessoa, como aconteceu comigo. Estava no Hotel Copacabana Palace e a piscina parecia mais interessante do que as reuniões que me esperavam naquela tarde quente no Rio de Janeiro. Havia, ainda, um compromisso agendado para o almoço, no qual receberia a proposta de uma parceria para a empresa. Eu estava preparado para negá-la. Com gentileza, claro, mas não via a menor possibilidade de aprovar aquele projeto.

O almoço seria com Jorginho, ex-lateral direito da Seleção Brasileira, campeão mundial em 1994 e assistente técnico de Dunga no campeonato mundial de 2010, e com o vice-presidente de finanças da Nextel na época, João Marcos Cerqueira. Pensei com meus botões: "Vou perguntar sobre futebol durante o almoço, ouvir a proposta no cafezinho, agradecer e declinar". Jorginho queria ajuda da Nextel para o Instituto Bola Pra Frente, mas já tínhamos nossos projetos sociais.

Mas o firme propósito de Jorginho mudou tudo. Ele começou a conversa agradecendo e falou dos sonhos que teve aos 11 anos em Guadalupe, no Rio de Janeiro, onde nasceu, uma região carente e esquecida. Introduziu o Instituto Bola Pra Frente que, em parceria com Bebeto, outro campeão mundial, ajuda crianças a ter a perspectiva de um futuro melhor por meio da educação.

Informou que separou uma quantia do que recebeu com o patrocínio da Nike para aplicar no instituto. De maneira simples, mas objetiva, explicou o projeto e sua missão, acrescentando de que modo a Nextel poderia ajudá-lo. Parecia falar com os olhos e o coração.

Em vez de girar em torno de futebol, a conversa no almoço mostrou como um sonho pode dar sentido à vida das pessoas. O resultado, vocês podem prever. Na sobremesa, depois de sentir toda a energia do Jorginho, falei para ele: "Não tenho ideia de como iremos ajudar, mas faremos uma parceria com seu projeto".

Hoje, a Nextel faz parte do conselho do Bola Pra Frente, e em 23 de março de 2012 inauguramos

SERÁ QUE É POSSÍVEL?

uma unidade do Instituto Nextel, nosso projeto social, dentro das dependências do Bola Pra Frente. Jorginho tinha tudo para viver das glórias do passado. Mas, em vez de ficar refém da situação, ele resolveu aproveitar seu tempo no mundo para fazer algo mais. Usando a classificação proposta por um grande amigo, o monge Gustavo Pinto, Jorginho é um autêntico representante do terceiro grupo de pessoas, considerado o mais raro e precioso: as que dão sentido à vida. São as que tomam seus destinos nas próprias mãos, renunciam ao negativismo e colocam em cada gesto um verdadeiro significado.

Se o copo está pela metade, as pessoas do terceiro grupo consideram isso uma grande conquista, motivo para acreditarem que será possível enchê-lo até a boca. Praticam a gentileza, despertam sorrisos e propagam energia positiva por onde passam. E, quando as coisas não vão bem, transmitem serenidade e esperança de dias melhores.

Segundo Gustavo, existem mais dois grupos de pessoas.

No primeiro, estão aqueles que seguem a vida desprovida de sentido. É fácil reconhecê-los, pois estão sempre se queixando e tendem a julgar o tempo todo. Enxergam as coisas pelo lado mais desfavorável:

nada está bom, nada funciona. Olham um copo pela metade e dizem que está vazio. Enfim, não agregam nada a ninguém e não entendem por que permanecem solitários.

O segundo grupo é constituído de pessoas que buscam o significado da vida, mas transpiram ansiedade e energia sem foco. Pulam de galho em galho em busca de receitas prontas e fáceis para alcançar a felicidade, o sucesso e a riqueza. São aqueles que devoram livros e mais livros, esquecendo-se do que leram. Procuram o atalho do atalho. Preocupam-se com as respostas e se esquecem de fazer as perguntas.

Na realidade, essa divisão é mais didática, porque na prática os tipos às vezes se sobrepõem. Eu mesmo, durante o dia, me vejo navegando entre os três. Acabo concluindo que preciso evoluir e permanecer mais tempo no terceiro grupo, por ser o melhor para mim e para o mundo.

Uma forma interessante de checar em que grupo você está é se perguntar duas vezes ao dia: "Que tipo de pessoa eu fui até agora?" Isso ajuda a ter consciência do seu estado e a verificar a necessidade de mudar se por conta de seus atos estiver tendendo mais para os grupos 1 ou 2. Uma boa hora para a primeira pergunta é no almoço; a outra, antes de dormir.

SERÁ QUE É POSSÍVEL?

    Agradeça se estiver tendendo mais para o grupo 3, reflita sobre o que o manteve no grupo 1 ou 2 e, principalmente, sorria, por meio de um longo suspiro, pela possibilidade de um novo dia proporcionar mais chances de ser alguém que dá verdadeiro sentido à sua vida.

E VOCÊ?

SERÁ QUE É POSSÍVEL?

Muitos filmes de Hollywood, sobretudo a partir de *Guerra nas Estrelas* (1977), do diretor George Lucas, baseiam-se nos trabalhos do antropólogo Joseph Campbell, professor universitário de mitologia falecido na década de 1980.

Campbell rodou o mundo entrevistando heróis do cotidiano e mergulhou nas narrativas épicas para desvendar a atuação de figuras lendárias – como o grego Teseu, que derrotou o Minotauro, e Moisés, que libertou o povo judeu da escravidão.

A conclusão foi de que a trajetória desses heróis obedece a certo padrão, independentemente do país ou da cultura a que pertencem, como registrou no livro *O Herói de Mil Faces*, publicado em 1949. Anos depois, várias de suas entrevistas foram reunidas no livro *A Jornada do Herói*, lançado pelo escritor e apresentador de TV Phil Cousineau, em 1994.

SERGIO CHAIA

Além de George Lucas, que o chamou para ser coautor do roteiro de *Guerra nas Estrelas*, o trabalho de Campbell conquistou admiradores no mundo todo, como o meu amigo, professor e escritor Didier Marlier. Em seu livro *Engaging Leadership*, Didier analisa o legado de Campbell para o mundo corporativo. A maior mensagem não estaria nos 12 passos (ou etapas) vividos pelo herói em suas aventuras, mas na motivação que daria sentido ao chamado para a ação e à recuperação após enfrentar provações: seu propósito profundo!

O propósito profundo, ou *deep intent*, é sua missão, seu projeto de vida. Ele nos move e nos faz mover o mundo. Fornece a energia necessária para prosseguir mesmo quando as frustrações, decepções, injustiças ou rasteiras da vida corporativa parecem intransponíveis. Graças a ele, existe a certeza de que essas barreiras não podem impedir a realização de algo muito maior.

Segundo o consultor e palestrante David Pearl, amigo de Didier, heróis não são pessoas excepcionais, mas pessoas comuns que recebem um chamado e realizam coisas extraordinárias. Sendo assim, todos nós podemos buscar e trilhar a nossa "jornada do herói". Ter um propósito de vida ajuda muito nesse sentido.

SERÁ QUE É POSSÍVEL?

Durante uma interação com os jovens do Instituto Nextel, em São Paulo, Didier compartilhou seu *deep intent* com os presentes, dizendo que ele começou a ser esboçado na Bélgica, quando ele tinha apenas 10 anos de idade. Sua família era muito rica e vivia em um castelo. Seu quarto ficava no alto da torre e Didier nos contou como era lindo observar da janela, à noite, o horizonte com o céu todo alaranjado.

Certa vez, ao observar o horizonte pela janela de seu quarto, percebeu que o tom alaranjado havia sumido. No dia seguinte, perguntou ao avô por que aquele horizonte tão belo não estava mais lá. Ouviu a explicação de que o tom alaranjado vinha das minas de carvão, que haviam sido fechadas subitamente.

Então, vários homens de expressão triste vieram bater à porta do castelo de seu avô. Eram trabalhadores das minas, outrora orgulhosos da sua profissão, mas agora velhos e desempregados. O avô de Didier conseguiu empregar oito deles em sua propriedade. Quando o nono chegou, o avô disse que infelizmente não havia lugar para ele nem para os outros que continuavam chegando. Pela primeira vez na vida, Didier viu aquele homem, que ele considerava tão forte, chorar. Essa imagem ficou marcada para sempre em sua mente.

Muitos anos mais tarde, Didier descobriu que aquele acontecimento foi o chamado para o seu propósito de vida, que ele define como ser um provocador de pessoas, para que elas se movimentem e se reinventem e não se tornem vítimas da próxima chacoalhada em suas vidas, como ocorreu com aqueles mineiros. Todos nós – eu, os alunos e os educadores do Instituto Nextel – sentimos o peso das palavras de Didier e entendemos que ter um propósito definido dá um foco, uma direção às nossas vidas, seja no plano pessoal ou profissional.

"UM DIA É PRECISO PARAR DE SONHAR E, DE ALGUMA FORMA, PARTIR."
Amyr Klink, navegador e escritor brasileiro

Naquele momento, procurei reafirmar o meu *deep intent*. Após tantos feitos, sonhos perdidos, oportunidades conquistadas, fracassos revelados, aprendizados digeridos, momentos bons e não tão bons que já tive, minha missão é transformar a mim mesmo e assim transformar o mundo alcançando resultados surpreendentes nas empresas e na vida,

SERÁ QUE É POSSÍVEL?

transformando as pessoas e sendo transformado por elas em um líder mais pleno, mais leve, mais gentil e mais feliz.

Esse propósito inspira a minha busca pelo autodesenvolvimento, traz força para superar as adversidades e os erros cometidos e mobiliza a energia que me animou a escrever este livro.

Todo ano repito a meditação da morte para analisar a minha evolução. Acredito que é possível mudar completamente o que vi ao projetar o meu enterro em 2005. Mas não quero trombetear o número de pessoas que acho que estariam lá, nem as mensagens que receberia ou as sensações que poderia sentir. Percebi que a viagem é muito mais importante do que o destino.

O que importa não são os louros ou as medalhas espirituais já conquistadas, mas a consciência de estar batalhando e conseguindo melhorar. A possibilidade de aproveitar mais os milagres e os presentes que a vida teima em me dar é o que me mantém no jogo.

O meu propósito e o de Didier você já conhece! Qual é o seu? Seria oportuno examinar dentro de si quais são os fatores ou as experiências catalisadoras dos seus objetivos maiores, aqueles que fazem cada dia valer a pena.

Daniel Pink, no livro *A Whole New Mind*, orienta que o propósito deve ser expresso em uma sentença, como "Ser um pai capaz de criar filhos saudáveis e generosos com o mundo", "Ser uma escritora que faz os jovens sonharem". Um grande artista me confessou que o seu propósito é "proporcionar alegria e diversão", e um amigo e publicitário de sucesso afirmou que sua razão de viver é "prospectar pessoas para a minha vida".

Qual é a sua sentença? Como você quer ser definido? Pense, reflita e construa uma frase que venha de dentro do seu coração. Além de servir de amparo nas horas de dificuldade, ela será fonte de muita alegria, pois quando você sentir que realizou algo de acordo com sua missão vai sentir um misto de paz e plenitude.

O propósito confere um sentido maior a tudo: a cada momento, ele elucida por que vale a pena tanto sacrifício para ser chamado de herói – não pelos outros, mas por você mesmo!

MEUS SINCEROS VOTOS

SERGIO CHAIA

O caminho mais rápido para receber é dar, você já sabe! Por isso, desejo a você neste momento o mesmo que desejo a mim.

Aprendi isso ao ler um livro curioso, *O Lapidador de Diamantes*, de Gueshe Michael Roach, que um amigo indicou. Foi há cerca de dez anos, justamente quando o budismo, como filosofia de vida, cruzou o meu caminho e me fez questionar como seria prudente integrar os mundos espiritual e corporativo.

Michael Roach conta que depois de ter sido ordenado monge budista foi vice-presidente de operações de uma lapidadora de diamantes, em Nova York, e com muito sucesso. Para coordenar seu time, usava os ensinamentos aprendidos no monastério.

É essa integração que eu desejo a mim e a você. Ela transparece no poema "Corrente das Pedras Preciosas" ("String of Precious Jewels"), escrito há mais de 1800 anos por um mestre indiano chamado

SERÁ QUE É POSSÍVEL?

Nagarjuna. Quando terminei de lê-lo, pensei: "É isso que quero ser, é isso que quero alcançar".

Desde então, venho caminhando a passos lentos, às vezes erráticos, mas com a firme intenção de um dia, quem sabe, chegar mais perto.

Compartilhar minhas experiências, escrevendo este livro, e dedicar esse poema a você e a mim faz parte desta jornada.

Corrente de pedras preciosas[1]

Nagarjuna (mestre indiano)

Eu lhe falarei sobre as belas qualidades
daqueles no caminho da compaixão:
doação, ética, paciência, esforço,
concentração, sabedoria e compaixão.

Doação é dar para outro o que você tem,
ética é fazer o bem para outros.
paciência é desistir da raiva,
e esforço é a alegria que aumenta o bem.

Concentração num ponto fixo, liberdade
de pensamentos ruins,
e sabedoria, decidem o que realmente a verdade é.
Compaixão é uma espécie de suprema inteligência
misturada profundamente com o amor por todos
os seres viventes.

---

1 Roach, Gueshe Michael. *O Lapidador de Diamantes*: Estratégias de Buddha para Gerenciar os seus Negócios e sua Vida. São Paulo: Gaia, 2007.

SERÁ QUE É POSSÍVEL?

A doação traz riqueza, o mundo bom vem com a ética;
paciência traz beleza, excelência vem com esforço.
Concentração traz paz, da sabedoria vem liberdade;
compaixão realiza tudo aquilo que desejamos.

A pessoa que toma para si todas estas sete qualidades
  e as aperfeiçoa,
alcança aquele lugar de conhecimento inconcebível,
nada menos que o de protetor do mundo.

CONCLUSÃO
PARA CADA FINAL, SEMPRE EXISTE UM COMEÇO

SERÁ QUE É POSSÍVEL?

"Vamos começar colocando um ponto final, afinal isso é mais que um sinal de que tudo na vida tem fim", diz o cantor Paulinho Moska, na música *Tudo Novo de Novo*.

Esse ponto traduz a possibilidade de realizar uma mudança na própria vida.

Mudar é difícil. E, após certa idade, fica mais difícil ainda. No entanto, mudar é preciso e possível.

Mas não basta somente querer. É necessário ter consciência de que se deve mudar e coragem para ir em frente.

É preciso coragem, porque exige disciplina, foco, pragmatismo, resistência e técnica.

Livros sobre comportamento apontam técnicas que potencializam nossas chances de mudar. O melhor que li foi *Switch*, dos irmãos Heath. Recomendo a quem pretende se aprofundar e alterar alguma coisa na sua vida, na sua carreira e no seu modo de liderar.

Mudar envolve uma batalha grande e intensa. Afinal, temos de lutar contra pensamentos, crenças e hábitos arraigados. Mas, como disse, pode ser feito. No meu processo de autodesenvolvimento tenho procurado cultivar um novo olhar sobre o estabelecido. Os problemas têm mais chances de resolução se forem rastreados por ângulos inusitados e tratados com receitas diferentes das tradicionais.

Em tempos de amplo acesso à informação, saber de alguma coisa tornou-se quase irrelevante. Mais importante do que saber, é sentir. Perceber os sentimentos que nos movem a buscar algo e seguir por vias mais intuitivas, menos racionalizadas.

Assim, é possível juntar todas as peças vindas de fontes diversas e compor nossa própria fórmula para o desenvolvimento de novas competências essenciais em um novo mundo.

A capacidade de interpretar histórias é uma, a de aprender com as experiências alheias é outra. Diversificar relações e ter amigos em várias tribos estimula ambas, eis por que as redes sociais serão ainda mais valorizadas num executivo. "Ler" as pessoas e suas verdadeiras intenções se tornará uma habilidade indispensável para engajar colaboradores e equipes.

SERÁ QUE É POSSÍVEL?

Para aprimorar essas novas competências são necessárias: vontade, persistência e técnica. Um bom ponto de partida é o livro *A Whole New Mind*, de Daniel Pink. Mas a receita, a sua receita, quem monta é você!

Espero que a leitura deste livro o tenha estimulado a pensar mais sobre o futuro que você pretende escrever. Para cada final, sempre existe um início. E esse pode ser o seu!

Dança da paz [2]

Rudolf Steiner

Germinam os desejos da alma
Crescem as ações do querer
Amadurecem frutos da vida.

Eu sinto meu destino,
Meu destino me encontra.
Eu sinto minha estrela,
Minha estrela me encontra.
Eu sinto minhas metas,
Minhas metas me encontram.

Minha alma e o mundo são somente um.

A vida, fica mais clara ao meu redor,
A vida, fica mais difícil para mim,
A vida, fica mais rica em mim,

Aspire a paz,
Viva a paz,
Ame a paz.

---

2 Disponível em: <http://www.sab.org.br/steiner/afor-cogn.htm.>. Acesso em 14/11/2012.

AGRADECIMENTOS ESPECIAIS

Ao dr. Içami Tiba, a Maurício Machado e Luciana Tiba, da Integrare Editora, que acreditaram no projeto.

A Marcello Pimentel, pelas contribuições e incentivos.

A Ruth Archer, pelo espírito de colaboração infinito.

A Cristina Nabuco, pela forma gentil que evoluiu o texto.

A Fernanda Marão por dar mais leveza à edição.

Ao Guga por fazer a capa e o design como se o livro fosse dele.

A Deborah, por correr contra o tempo para que o livro saísse a tempo.

Ao Cássio, pelas ilustrações bem-humoradas, que deram um toque mais que especial ao texto.

A Olga, Ricardo e Celso, pelo estímulo por meio das palavras sinceras.

E a todos que, de alguma forma, contribuíram com suas histórias, experiências e aprendizados.

REFERÊNCIAS BIBLIOGRÁFICAS

BERG, Yehuda. *O Poder da Cabala*. Rio de Janeiro: Imago, 2001.

CAMPBELL, Joseph. *O Herói de Mil Faces*. São Paulo: Pensamento, 1949.

COUSINEAU, Phil. *A Jornada do Herói*. São Paulo: Saraiva, 1994.

GALLO, Carmine. *The Presentation Secrets of Steve Jobs:* How To Be Insanely Great In Front Of Any Audience. Columbus: McGraw-Hill, 2009.

GOLDSMITH, Marshall. *Reinventando o seu Próprio Sucesso*. Rio de Janeiro: Campus/Elsevier, 2007.

HEATH, Chip; HEATH, Daniel. *Switch*. Nova York: Broadway Books, 2010.

LYUBOMIRSKY, Sonja. *The How of Happiness*. Nova York: Penguin Press, 2008.

MARLIER, Didier; PARKER, Chris. *Engaging Leadership*. Hampshire: Palgrave Macmillan, 2009.

PARIKH, Jagdish. *Managing Your Self*. Oxford: Blackwell Publishing, 1994.

PINK, Daniel. *A Whole New Mind*. Nova York: Berkley Publishing, 2006.

PORATH, Christine. "Happiness Means Profits". *Harvard Business Review*,

PORATH, Christine; PEARSON, Christine. *The Cost of Bad Behavior*. NovaYork: Penguin Group, 2009.

RINPOCHE, Yongey Mingyur. *Joyful Wisdom*. Nova York: Harmony Books, 2009.
ROACH, Gueshe Michael. *O Lapidador de Diamantes*. São Paulo: Global, 2001.
WALKER, TJ. *TJ Walker´s Secret to Foolproof Presentations*. Cleveland: Greenleaf Book Group, 2009.
ZAJONC, Arthur. *Meditation as Contemplative Inquiry*. Great Barrington: Lindisfarne Books, 2008.